大学生形体美育教程

主编◎何　苗　王思斯　刘　峰

副主编◎张婷婷　徐维声　李燕艳

重庆大学出版社

图书在版编目（CIP）数据

大学生形体美育教程/何苗，王思斯，刘峰主编
. -- 重庆：重庆大学出版社，2024.3
ISBN 978-7-5689-4219-5

Ⅰ.①大… Ⅱ.①何…②王…③刘… Ⅲ.①形体－
健身运动－高等学校－教材②美育－高等学校－教材
Ⅳ.①G831.3②G40-014

中国国家版本馆CIP数据核字（2023）第240739号

大学生形体美育教程
DAXUESHENG XINGTI MEIYU JIAOCHENG
主　编　何　苗　王思斯　刘　峰
策划编辑：唐启秀
责任编辑：黄永红　　版式设计：唐启秀
责任校对：王　倩　　责任印制：张　策
*
重庆大学出版社出版发行
出版人：陈晓阳
社址：重庆市沙坪坝区大学城西路21号
邮编：401331
电话：（023）88617190　88617185（中小学）
传真：（023）88617186　88617166
网址：http://www.cqup.com.cn
邮箱：fxk@cqup.com.cn（营销中心）
全国新华书店经销
重庆市正前方彩色印刷有限公司印刷
*
开本：787mm×1092mm　1/16　印张：10　字数：185千
2024年3月第1版　　2024年3月第1次印刷
ISBN 978-7-5689-4219-5　定价：42.00元

前言

　　舞蹈美育与形体训练紧密联系，通过对训练者身体进行全面系统的训练，能够提升训练者的形体美、心灵美。同时，舞蹈作为一种肢体运动，不仅能够提升身体的基本素质，还能够激发学生的独特性、示范性、拓展性。在教学中，应在重视学习方法、重视实践创新、重视学以致用的前提下，培养"有文化、有素养、有目标、有理想"的学生，将形体教育的教学方法与人文素质教育方法有机融合。通过课程的专业训练，显著增强学生创新创意的思维能力。

　　本教材围绕舞蹈美育与形体训练进行论述，对芭蕾舞训练、中国古典舞训练、中国民族民间舞训练等内容进行了梳理与讲解，并针对大学生形体训练等相关课程制定了相关教程。

　　此外，本教程配套线上课程及相关教学资料，学习网站为重庆高等教育智慧教育平台，扫描每章节二维码即可加入课程，根据平台开课时间进行相关学习，线上课程有详细的课程设计、微课视频、教学大纲、单元作业与测试等，开创以"形、美、文、情"融合思政教育的新格局，不断打造新时代混合式课程金课。本课程获批2022年重庆市本科一流课程，第五届全国高校混合式教学创新大赛二等奖。

本书由重庆人文科技学院何苗、王思斯、刘峰担任主编，由张婷婷、徐维声、李燕艳担任副主编。其中，刘峰负责编写第一章、第二章；徐维声负责编写第三章；何苗负责编写第四章、第五章；李燕艳负责编写第六章；张婷婷负责编写第七章；王思斯负责编写第八章、第九章。

由于编者水平有限，书中难免有疏漏与不当之处，敬请广大读者批评与指正。

何　苗

2023 年 9 月

目录 / CONTENTS

绪　论

　　身体是自然世界的一个重要部分，它是自然美的基本特征之一。在整个生物体态中人体是其中最美的体态之一。这是因为人体具有明显不同于其他生物的社会移动性与情感思想性。随着人类社会的发展，人们对自然环境的认知不断深入，审美意识逐渐提高，人们不再只关注自然体态美，还开始追求一种形体美。形体美是一种整体美，它是由多方面因素构成的，如强壮的体魄、健美的体型、良好的姿态、敏捷灵活的动作、高雅的气质和风度等，实际上是自然美与社会美的综合表现。如果分解开来论述，那么形体美包括身体健康美、体型美、姿态美、动作美四个方面。这四个方面在形体美的展现上是相互联系、互相影响的。健康是自然美的基础。

　　如今人们生活水平有了很大提高，绝大多数人开始关注形体体态，形体健康也慢慢成为社会中的热门话题。全民健身的活动也在各个城市中开展，慢跑、广场舞、马拉松、形体舞蹈等各种运动逐渐融入人们的生活中。在这些运动当中形体舞蹈是近几年兴起的一项以改善人的体型为指向的健身运动。

　　舞蹈是通过人体动作语言来表述某一思想内容、思想情感的造型艺术。它通过舞者的舞蹈动作语言，创造出意境，表现人物的思想和情感，因而舞蹈是带有明确思想性、社会性的活动。它的写实表达能力不强，但写实意境特点明显。从这个方面而论，舞蹈是一种人体表演艺术。舞蹈演员的形体美是全世界公认的。舞蹈演员的身材和行为动作规范是按照形体美的基本标准来塑造的。舞蹈演员的形体美除了先天的身体条件（三长一小）比较好以外，更主要的是后天训练的结果。这是一个逐渐培养和修塑

1

完善的过程。当然，舞蹈也兼有健身强体的功能，因此也被作为大众健身美体和自娱自乐的运动项目。

从专业舞蹈训练体系中我们提炼出了适合大学生锻炼的形体舞蹈。形体舞蹈的标准就是指按照人体形态动作的特点，以有氧律动训练为基础，在音乐的伴奏下把舞蹈动作训练作为改善形体训练的主要手段，通过人体正确姿势的培养和身体各部位韧带肌肉的锻炼，以及芭蕾形体、古典身韵、民族民间舞蹈的辅助训练，让学习者在娱乐中增进健康、塑造形体、提高气质，从而达到形体美。

第一篇：

芭蕾舞训练

第一章 身体基本体态

第一节 身体结构

在进行形体动作训练之前，我们首先要对自己的身体要有一个全面而正确的认识。其目的主要是使形体动作训练建立在科学训练的基础之上。首先我们从运动解剖学的角度仅对人体主要关节部位的结构及其主要功能做简要的分析。

一、脊椎

脊椎，亦称脊柱（图1.1），是人体躯干的中轴，也被称为人体的"中流砥柱"。脊椎是由33块脊椎骨组成，整个脊椎呈S形，其中骶骨以上24块脊椎骨共同形成一根可以弯曲的圆柱体。椎骨之间又有薄厚不同的椎间盘相连形成软骨连接，人体承重或者运动时可以起到缓冲力量的作用。而椎骨之间靠韧带相连接，韧带的柔韧程度会影响椎关节的运动幅度。脊椎这个柱体，完全依靠肌肉力量来保持平衡体态、产生运动。脊椎作为人体躯干的中轴，上端承托颅骨，中段附肋骨，参与胸廓的构成，下段连接髋骨形成骨盆和腹腔。由于人体骨结构具有上下差异，颈部、胸部、腰部的脊柱部分也不同。颈部脊柱运动非常自如，因为颈椎是通过颈部的肌肉组成（俗称脖子），是人体最微妙的生命通道，这里布满了人体的声带、食道、气管、血管、神经组织。颈部关节灵活可控，肌肉运动自如，不仅有助于机体生命活动的正常运转，也是使发声器官有效工作的重要保障。躯干的中段是由脊椎的胸椎和腰椎组成（图1.2）。躯干在生活中的直立和人体运动都是靠腰背腹等各部位肌肉力量来维持。其中胸椎的椎间软骨多、弹性小，再加上肋骨的制约，所以我们胸部的运动幅度相比颈椎就小很多，但是这样对于身体的保护会提高，比如在运动呼吸上少受干扰，而且对人体重要器官心脏也会起到保护作用。

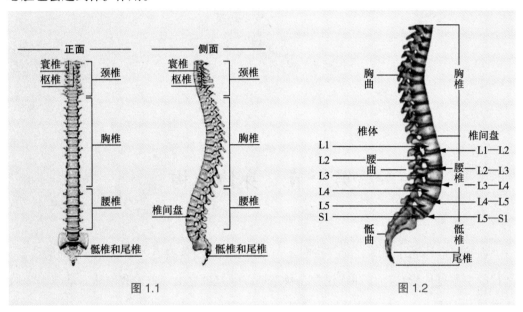

图 1.1   图 1.2

二、上肢

人体的上肢，主要包括肩关节、上臂、肘关节、前臂、腕关节以及手等部位。上肢各关节周围的肌肉和韧带，既能稳固关节，又能产生运动力。上肢各部位的关节构造和肌肉，使肩带关节的柔韧性更强。其中，肩关节是人体骨骼中最为自由、灵活的关节。我们的双手，每只手由 27 块骨骼、20 多个关节组成，手的灵活性取决于 33 块手部肌肉。手是一个灵敏的、高度专门化的器官，人体大脑中，有很大一块区域管理着手的运动。在日常生活中，手是最好的执行者，它能准确而精细地完成各种动作。

三、下肢

人的下肢部位有臀部、股部、膝部、小腿部和足部。下肢的作用不仅在于保护并支撑上肢内脏器官，还在于支撑人体的体重，使我们的身体能够重心稳定，让我们能协调地完成姿势站立、下肢移动、行走、慢跑、深蹲等各项运动。其中，膝部关节是人体构造中最为复杂的关节，它帮助我们完成行走和跳跃的基础动作。足部关节由形态和机能都很不相同的关节组合以及肌肉和韧带组成，使足部可以完成半脚掌立、内外旋转等运动。足弓是足底具有弓形结构的运动支撑能力的器官，它有较强的坚固性，并且通过足部的肌肉可以对弹跳产生良好的弹力。

第二节　身体姿态

什么是身体姿态？身体姿态是体态的高级学说。它是指人在站立、行走、坐姿等举手投足中身体的姿势状态。"站有站相、坐有坐相"，一个人的站立、行走和坐姿是展现体态美的基本要求。

纠正形体体态是我们形体素质训练的基础内容之一。通过正确的形体训练，我们的体态会端正挺拔、落落大方、充满灵气与活力。良好的站立、行走和坐姿，不仅给人以醒目的视觉感受，更能体现出一个人的精神风貌、文化素养和审美追求。通常一个人的个性与心理状态也会从他的身体姿势状态中反映出来。

首先我们从最基本的站立、行走和坐姿来学习，这是改善我们身体姿态最为有效而简捷的方式。下面我们对正确站立、行走、坐姿的动作要领进行分析和讲解，这里所讲的正确站立、行走和坐姿的要领，是以人体生理结构和人体运动力学原理为依据，是能够充分发挥人体机能特性最合理、最有效并最省力地完成站立、行走等动作的技术方法。

一、站立

人体的直立姿势，是人区别于其他动物的根本特征之一。在人类漫长的进化过程中，人体由于直立，下肢的骨骼肌肉体积增大，力量增强；双脚失去抓握能力，变成专供直立和行走的工具；上肢摆脱承重和行走职责，双手进化成为动作精巧的工具；直立的身躯给维持平衡造成了困难，因而促使神经功能得到发展，让人体的协调性提高。然而，人体的进化并不是完美的。维持与调控身体平衡与姿态动作的神经反射，大多都需要通过学习才能获得。由于不再四肢着地，躯干出现了退化，腹部肌肉力量不足，内脏器官出现下垂，等等。这些都要通过后天的学习和锻炼才能加以弥补。

正确站立的技术要领：身体最佳的站立姿势，应当是身体各个环节在腿部支撑下保持稳定，在双脚当中寻找平衡。（图1.3、图1.4）

脚：双脚后跟稍稍分开，脚尖略向外转，形成小"八"字形，两脚以足弓和前脚掌平均支撑身体重量，以平衡稳定身体的直立。

腿：两腿伸直，双膝收紧，膝盖对准脚尖方向，臀部肌肉向里收缩，使两腿肌肉向上拉长。

躯干：躯干直立，胸部自然地向前上方挺起，两侧肩胛骨在身后适当靠近，双肩自然展平下沉。双臂在体侧自然下垂，使双手的中指位于两腿外侧的裤缝处。在保证呼吸自如的前提下，腰背部和腹部肌肉适当收缩，整个脊柱直立向上伸展。

头颈：颈部自然伸直，下颌适当回收，两眼平视前方，头正直，头顶好像被一根无形的绳索悬吊着，有一种上升的感觉。

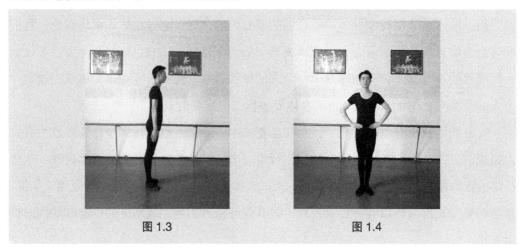

图1.3   图1.4

二、行走

正确的行走方法应当是让人能够充分自由地行走，让步伐稳健、轻松、自然而有节奏。（图1.5、图1.6）

首先我们要在正确站立的基础上完成行进步伐。具体要领如下：

腿部躯干发力：腿部躯干发力向前进方向迈步，躯干在迈步过程中，身体重心向动力腿方向移动，以保证站立姿态时身体重心落在支撑面上。腿部躯干迈步幅度的大小，与行走速度和步幅大小成正比。

迈步移动：当身体躯干因前倾重心移动到支撑面前方（即支撑脚的脚尖）时，行走的重心会使身体产生向前行进。另一条腿也会立即向前移动，迈出一步，并将脚放在地上，于是支撑面增大了，身体也不至于真的倾倒。人在行进过程中，就是这样依靠双腿有节奏地交替运动，保持身体平稳并推动身体向前移动。这就是我们行进步伐中的移动重心。

脚距：在整个行进过程中，双脚脚后跟之间应相距大约10厘米，以保证身体平稳。脚距过小，会出现摆胯，脚距过大则会使身体左右晃动。脚距大小是因人而异的，个子越高，身体越宽，脚距也应相对加大。一般情况下，脚距为自己的一拳宽是比较适宜的。

摆臂：摆臂在行进中起到非常重要的作用，双臂以肩关节为轴，以大臂带动小臂的顺序自然摆动。在行走时，摆动腿一侧的骨盆会随之摆动前移，同侧的肩会稍稍落在后面，形成手臂向后自然摆动，同时支撑腿一侧的手臂则向前摆动。这一前一后的协调摆臂，既减少了上半身及肩部的扭转，又保证了头部位置的端正，从而使整个身体获得平衡。

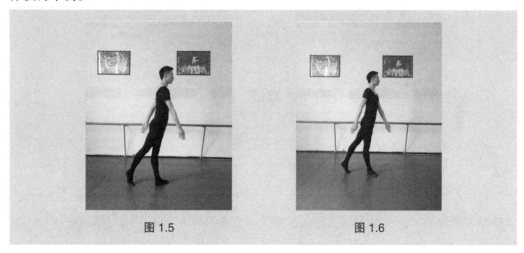

图1.5   图1.6

三、坐姿

正确的坐姿应当是腰背直立、两肩松弛、不僵不懈、舒展自然的身体姿态。（图1.7、图1.8）

坐下：背朝坐位，身体躯干稍向前倾，两膝放松，自然弯曲，使身体姿态缓慢落座在椅子上。坐下时身体要有控制，不要塌腰撅臀，一定不要把椅面坐满，应只坐在椅面前半部分。也不要将身体依靠在椅子后背上，整个身体姿态向下塌坐，这种坐姿是对对方的不尊重与不礼貌。

坐定后：腰背伸直，两肩放松，身体面向交谈者。女士应将双膝自然并拢，或小腿一前一后稍稍分开。男士坐定后，双膝可稍稍分开，但宽度不宜过大。不论男女，在正式场合都不宜跷二郎腿或抖动下肢。

起身：起身时先收回一只脚，上半身自然前倾慢慢使重心移到前脚上，接着双腿发力使身体直至立起。在起身的过程中，同样应注意身体的控制，不可将臀部撅起。

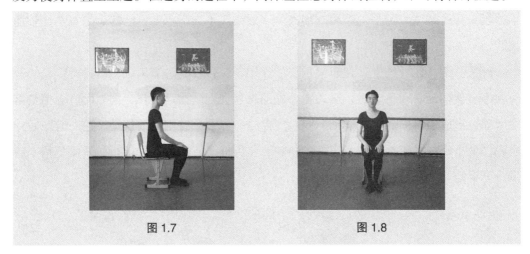

图 1.7　　　　　　　　　　　图 1.8

四、检查站立行走坐姿的简易方法

正确优美的站立行走坐姿，应当是身体直立挺拔，动作稳健有力，身体移动没有明显的左右扭摆或上下窜动。是否达到了这些要求，有一种简单易行的检验方法。

将一本稍厚的书或相似物品顶在头上（不要用手扶着），按照正确要领站立行走。如果身体未能立直，头部歪斜、低头或仰头，迈步时动作不够平滑稳健，摆臂动作过大或用力过多，就会牵动躯体出现扭摆。出现其中任何一个缺陷，书本都不可能在头顶平稳地保持住。顶着书本行走时，颈部务必自然伸直，切不可缩颈端肩，以免姿态走形。我们同样可以用书本来检验坐姿的正确性。这个简易方法，既能帮助你发现自身站立行走中动作姿态的缺陷，也能帮助你在长期锻炼中对姿态缺陷进行矫正。

以上我们详细讲解了正确站立、行走、坐姿的动作要领，也介绍了简单的检查与矫正的方法。值得注意的是，在进行端正体态训练的同时，日常生活中应当特别留意自己的体态动作，并有意识地用正确的动作要领去克服缺陷。只有将经常性的矫正训练与日常性的随时调控相结合，使自己逐步养成新的、正确的体态动作习惯，矫正才能收到切实的成效。端正体态训练是为了改变自身形体动作的不良原始状态，让自己从特有的形体烙印和动作习惯中解放出来，这也是形体舞蹈训练的基础环节，需要在生活中加强锻炼。

第三节　人体运动基本规律

要练好形体舞蹈就需要了解我们身体自然的运动规律。从生物学、解剖学的角度来看，人体的身体构造是最适合活动的。人体的运动往往是在大脑神经的支配与控制下运动，它以骨骼为框架，以身体关节为支点，以肌肉运动为动力，以大关节带动小关节来实现与展开的。

人体的骨骼支架，在运动中起着杠杆的作用；关节则在运动中起着轴和枢纽的作用。关节的灵活性，是决定人体活动是否自由的基础。而关节的稳定性和运动的灵活性，又是靠肌肉和韧带的工作来实现的。作为人体运动的原动力，肌肉、肌腱和韧带的力量、弹性是影响人体运动是否灵活可控的关键因素。同时，由于肌肉紧张与松弛的协调工作，使整个身体或某些局部发生改变，形成某种姿势或动作。肌肉用力的不同，不仅能表现出动作的刚柔并济，还能控制运动速度的快慢。

在动作中，大关节往往带动我们身体的各个小关节运动，比如大臂带动小臂，大腿带动小腿，手指带动指尖。大关节往往离人体的心脏最近，大脑反应出行为，心脏供血支配着每个肌肉关节进行工作。在形体训练中，我们应不可忽视对小关节的活动。许多动作的"最后用力与延伸"，都是由小关节来完成的。如行走的每一步，都是由脚部的最后用力一蹬地，推送完成。最后用力的强弱、大小、缓急，直接影响着每一步的大小、力量和速度。人体各部分的构造各有其机能，各种机能协调作用，人才能进行正常的生活和运动。这些存在于人体运动中的有机变化的客观规律，对于形体舞蹈的展开是非常重要的，所以我们在进行形体训练前一定要了解认识人体运动基本规律。

第二章　身体局部热身训练

　　热身训练作为形体训练课前的准备活动，能起到防止运动损伤，提高运动表现的作用。身体局部的热身训练是一种预防运动性损伤的保护措施。一套有效的热身运动，由许多关键部分组成，包括头部、肩部、腰部、腿部等身体部位的静态拉伸或动态拉伸。热身训练也是为后面的运动做好身体和心理的准备，它能提高身体内部的温度以及肌肉的温度，让肌肉变得放松、柔软并有韧性。一次有效的热身活动还可以加快心率和呼吸频率，从而加快血液流动，促进氧和营养物质向肌肉输送能量。身体局部的热身训练内容包括：静态拉伸和动态拉伸，身体能力训练。

第一节　头部热身训练

　　头部的热身训练是靠颈椎和周围的肌肉、韧带的运动来完成的，也称为头颈部热身训练。头颈部在人体解剖结构中属于上肢的一小部分。在形体训练当中，头颈部的动作是表现人的精神面貌、气质、风度等方面的一个极其重要的因素。通过头颈部热身训练，能促进头部的血液循环，改善头部的营养供应，消除脑部疲劳，提高头颈部的灵活性和肌肉、韧带的弹性，防止颈部肌肉松弛和脂肪堆积，使颈部线条直而修长。

　　我们一般采取站立或者坐姿进行头颈部热身训练。练习者在站立或坐姿时头要端正，下颚微收，头顶要往上延伸，使头颈部肌肉向上伸展，目光平视，面部表情放松略带微笑。这样可以克服和纠正探颈、侧颈（歪脖子）、缩颈（缩脖子）等不良姿势。我们在日常生活中无论是坐、立，还是行走，都要有意识地使自己的头部处于正确的位置，把颈部伸长，展示出一个人的精神面貌、高雅的气质和风度。

一、头部单一轴运动训练

单一轴运动是以头部为中心，向头部的前后左右做拉伸训练。

准备姿势：直立，双手叉腰。（图 2.1）

第一个 8 拍：1—4 拍，低头。（图 2.2）

　　　　　　5—8 拍，还原。

第二个 8 拍：1—4 拍，抬头（头部上仰）。（图 2.3）

　　　　　　5—8 拍，还原。

第三个 8 拍：1—2 拍，低头。

　　　　　　3—4 拍，还原。

　　　　　　5—6 拍，抬头。

　　　　　　7—8 拍，还原。

第四个 8 拍：1 拍，低头。

　　　　　　2 拍，还原。

　　　　　　3 拍，抬头。

　　　　　　4 拍，还原。

　　　　　　5—6 拍，低头 2 次。

　　　　　　7—8 拍，抬头 2 次。

第五个 8 拍：1—4 拍，头部左转。（图 2.4）

　　　　　　5—8 拍，还原。

第六个 8 拍：1—4 拍，头部右转。（图 2.5）

　　　　　　5—8 拍，还原。

第七个 8 拍：1—2 拍，头部左转。

　　　　　　3—4 拍，还原。

　　　　　　5—6 拍，头部右转。

　　　　　　7—8 拍，还原。

第八个 8 拍：1 拍，左转。

　　　　　　2 拍，还原。

　　　　　　3 拍，右转。

4 拍，还原。

5—6 拍，左转 2 次。

7—8 拍，右转 2 次。

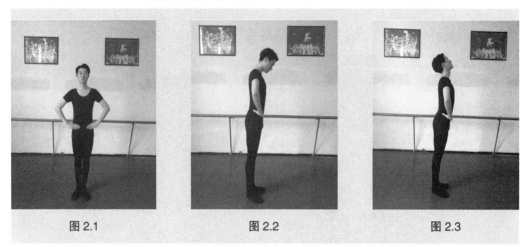

图 2.1   图 2.2   图 2.3

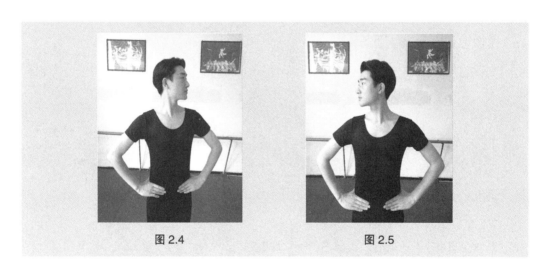

图 2.4   图 2.5

二、头部划圆运动训练

划圆运动训练是以后颈椎为支点，划立圆做圆形拉伸训练。

准备姿势：直立，双手叉腰。

第一个 8 拍：1—2 拍，低头。

3—4 拍，转动头部到左侧。

5—6 拍，抬头。

7—8 拍，转动头部到右侧。

第二个 8 拍：1—2 拍，抬头。

3—4 拍，转动头部到右侧。

5—6 拍，低头。

7—8 拍，转动头部到左侧。

第三个 8 拍：1—4 拍，低头划顺时针一圈。

5—8 拍，重复 1—4 拍动作 1 遍。

第四个 8 拍：1—4 拍，抬头划逆时针一圈。

5—8 拍，重复 1—4 拍动作 1 遍。

教学提示：

（1）低头抬头训练和左右训练幅度由小到大，尽量在自己可以承受的范围内进行。

（2）上肢与双肩要保持固定不动，在做划圆时不要移动双脚。

第二节　肩部热身训练

肩关节是躯体和手臂进行运动的枢纽。肩部的柔韧性、灵活性同上臂的动作常常联系在一起，影响形体动作的舒展及幅度。正确的肩部热身，可以舒缓我们肩部的疲劳和紧张感，还可以打开后背，使人看起来自信十足，对于消除自卑心理也有暗示帮助。在日常生活中，人们常常会遇到一些因为肩部的空间位置不正确而有端肩、斜肩、扣肩等不良姿势的人。另外，常年做案头工作或电脑操作的人，因肩部得不到适当的运动而易患肩周炎等疾病，所以肩部锻炼就显得更加重要。在肩部热身训练中我们会加入手臂的练习，因为手臂肌肉群和双肩紧密相连，肩部的热身训练也需要依靠手臂来进行。这样手臂和双肩都可以得到很好的舒展，对形体训练有很好的帮助。以下是几种肩部热身训练的方法。

一、提、沉肩练习

准备姿势：直立，双手叉腰。

第一个 8 拍：1—2 拍，右肩上提，靠近右耳朵。（图 2.6）

3—4 拍，右肩下沉，颈部伸长。（图 2.7）

5—8 拍，同 1—4 拍，换左肩做。（图 2.8、图 2.9）

第二个 8 拍：1—2 拍，双肩上提，靠近耳朵。（图 2.10）

3—4 拍，双肩下沉，颈部伸长。（图 2.11）

5—8 拍，重复 1—4 拍动作 1 遍。

教学提示：

（1）提双肩时上肢不能左右侧曲，肩部提沉幅度要大。

（2）沉肩要用力下压肩膀，使头部往上延伸。

（3）头部方向保持不变，注意肩膀离耳朵的距离。

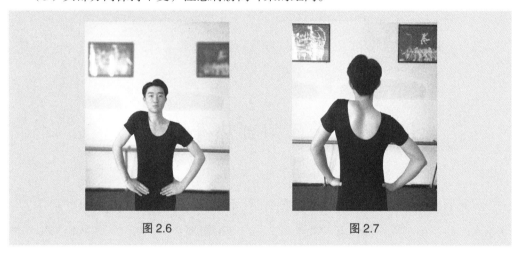

图 2.6　　　　　　　　　　图 2.7

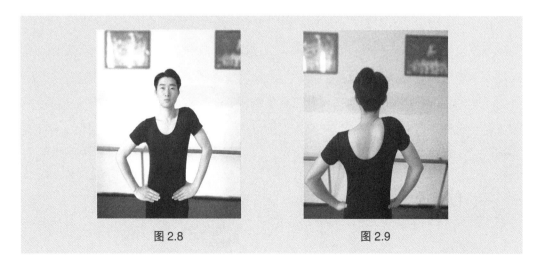

图 2.8　　　　　　　　　　图 2.9

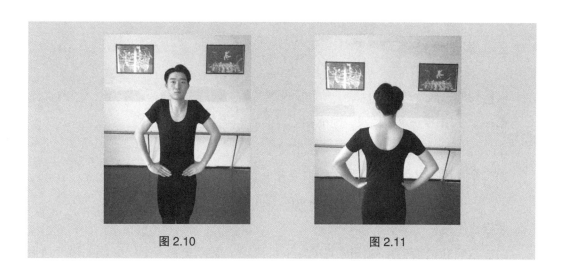

图2.10　　　　　　　　图2.11

二、扣肩训练、展肩训练

准备姿势：直立，双手自然下垂放于两腿旁边。

第一个8拍：1—4拍，双肩同时向前扣，低头，胸部微微含起，呼吸自然流畅。
（图2.12）

5—8拍，双肩还原。

第二个8拍：1—4拍，双肩同时向后展开，抬头，胸部慢慢向上顶起，呼吸自然
流畅。（图2.13）

5—8拍，双肩还原。

教学提示：

（1）双肩在向前和向后运动时，身体要保持重心稳定，头颈部不要动。

（2）保持重心，不前后移动。

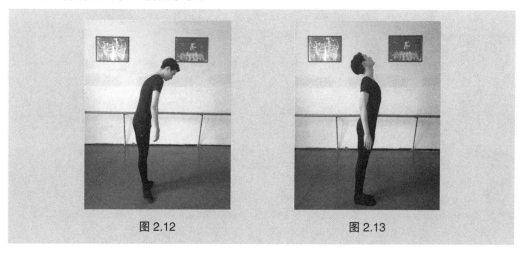

图2.12　　　　　　　　图2.13

三、肩部环绕练习

准备姿势：直立，双手自然下垂放于两腿旁边。

第一个 8 拍：1—4 拍，双肩经前扣上提向后展开下沉环绕一周。

　　　　　　5—8 拍，重复 1—4 拍动作 1 遍。

第二个 8 拍：1—4 拍，双肩经向后展开下沉前扣上提环绕一周。

　　　　　　5—8 拍，重复 1—4 拍动作 1 遍。

教学提示：

（1）双肩在向前向后划圆时上半身不可以动，保持直立，使肩部最大幅度地展开运动。

（2）可以单、双肩交替进行训练。

四、肩部拉伸训练

准备姿势：面对把杆，双脚打开与肩同宽，双手搭在把杆上。（图 2.14）

一个 8 拍：1—4 拍，双肩轻轻下压，肩部低于后背。（图 2.15）

　　　　　5—8 拍，双肩慢慢还原。

教学提示：

（1）双肩在下压时应保持身体的稳定性，双肩缓慢向下压去。

（2）下压时双膝不可以弯曲，应保持膝部直立。

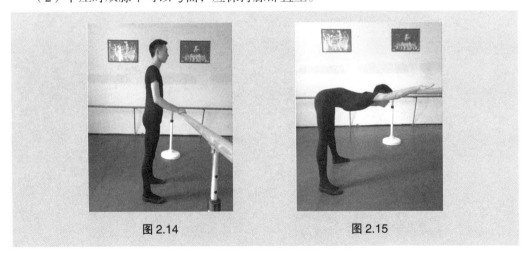

图 2.14　　　　　　　　　　图 2.15

第三节　腰部热身训练

腰是连接人的上半身和下半身的枢纽，是身体躯干动作的发力之端。一般我们在训练腰部时会同时训练后背，适当的后背拉伸与肌肉锻炼对腰部的力量有很大帮助。生活中，我们的腰部很容易堆积脂肪，形成"水桶腰"。适当的腰部热身训练，可以改善我们的腰部状态。腰背部力量的强弱和柔韧性的好坏，直接关系到正确站立姿势的形成及姿态优美的程度。腰背部力量强，直立、跳跃的能力就强。通过腰背部的锻炼，可增强腰背部肌肉和韧带的弹性及力量，保持腰背部线条优美，防止肌肉萎缩、韧带松弛而引起的脊柱不良弯曲、椎间盘突出，防治慢性腰肌劳损等。

一、腰部位置单一练习

准备姿势：双脚打开与肩同宽，身体直立，双手叉腰。（图 2.16）

第一个 8 拍：1—2 拍，腰部向前。（图 2.17）

　　　　　　3—4 拍，还原身体。

　　　　　　5—6 拍，腰部向后。（图 2.18）

　　　　　　7—8 拍，还原身体。

第二个 8 拍：1—2 拍，举起左手，上肢向右延伸，拉伸左侧腰。（图 2.19）

　　　　　　3—4 拍，还原。

　　　　　　5—6 拍，举起右手，上肢向左延伸，拉伸右侧腰。（图 2.20）

　　　　　　3—4 拍，还原。

教学提示：

（1）在腰部运动时，双脚保持稳定，不可移动。

（2）拉伸腰部适度为好，不要追求一拍压下，应缓慢进行。

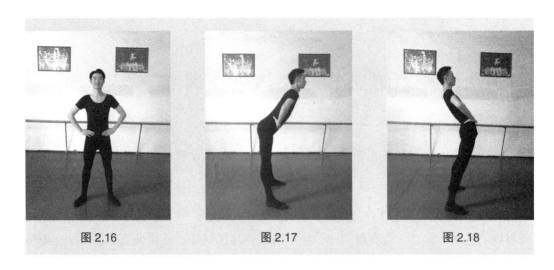

图 2.16　　　　　　　　图 2.17　　　　　　　　图 2.18

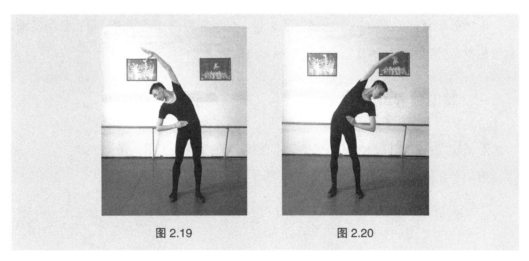

图 2.19　　　　　　　　　　　　图 2.20

二、地面挺腰背练习

准备姿势：仰卧，两腿伸直并拢，双手伸直放于身体两侧。（图 2.21）

第一个 8 拍：1—4 拍，腰和背部向上挺起，腰背肌紧张，使腰和背部离开地面，臀部和头着地。（图 2.22）

5—8 拍，腰背放松下落还原成准备姿势。

第二个 8 拍：1—4 拍，髋、腰和背部向上挺起，臀、腰、背部的肌肉紧张，抬头，使腰和背部离开地面，脚和头上部着地，使身体挺成反弓形。（图 2.23）

5—8 拍，臀、腰、背放松下落还原成准备姿势。

教学提示：

（1）在地面挺腰时注意头部不要左右转动。

（2）开始学习时可以使用双肘帮助腰背挺立。

图 2.21　　　　　　　　　　　　图 2.22

图 2.23

三、挺腰背和弓腰背练习

准备姿势：半蹲，双手扶膝，手指相对，两肘外展。

第一个 8 拍：1—4 拍，臀部向后翘，向前塌腰，腰背肌紧张，挺胸抬头，眼睛看
前上方。

5—8 拍，臀部向前收回，腰和背尽量向后顶，弓腰背，含胸低头，
拉伸腰背肌。

第二个 8 拍：1—4 拍，半蹲，双手扶膝，肘关节朝外，臀部向后翘，向前塌腰，
腰背肌紧张，挺胸，头向右转，转动角度为 90 度，并向右侧屈，眼
睛看右后方。

5—8 拍，臀部向前收回，腰和背尽量向后顶，弓腰背，含胸低头，
拉伸腰背肌。

教学提示：如果动作掌握熟练，也可以做一个8拍塌腰练习，一个8拍弓腰背练习。头部可以左右交替练习。

四、跪地撑腰练习

准备姿势：身体俯卧，双手放于肩膀两侧，撑起上半身。（图2.24）

1—4拍，成跪撑，向前挺髋、挺腰、挺胸，上半身尽量抬起呈反弓形。腰背肌紧张，抬头。（图2.25）

5—8拍，成跪撑，弓腰背，含胸低头。（图2.26）

教学提示：初学者双手撑地挺腰时，要注意后腿伸直。后期可以双膝弯曲，用脚指尖去触碰头顶。

图2.24   图2.25

图2.26

五、腰部转体训练

站立准备姿势：双脚分开站立，两臂侧平举。（图2.27）

一个 8 拍：1—2 拍，上半身前屈尽量右转，两臂保持侧举姿势，左臂尽量向右前伸
　　　　　展，左手触右脚外侧的地面，右臂尽力向后摆，眼睛看右手。（图 2.28）

　　　　3—4 拍，与 1—2 拍动作相反，向左转。

　　　　5—8 拍，重复 1—4 拍动作 1 遍。

坐姿准备姿势：大分腿坐在地面，两臂侧平举。（图 2.29）

一个 8 拍：1—2 拍，左臂向右前摆，带动上半身右转，同时上半身前屈尽力靠近
　　　　　右大腿，左手向右脚尖方向伸展，右臂向后摆，头向右转。（图 2.30）

　　　　3—4 拍，还原成准备姿势。

　　　　5—8 拍，与 1—2 拍动作相反，向左侧做，并还原成准备姿势。

教学提示：

（1）两臂尽量向远处伸展，上半身尽量转动，幅度尽可能地拉大。头向后转看上
面的手臂。

（2）转体时臀部不要离地。转体的幅度根据练习者情况而定。

图 2.27　　　　　　　　　　　　　　　　图 2.28

图 2.29　　　　　　　　　　　　　　　　图 2.30

第四节　腿部热身训练

腿部的热身训练部位包括大腿和小腿。腿部对形体训练起着很大的作用。肌肉线条修长、外观丰满而富于弹性的腿部形态，是形体训练的一个极其重要的标准。如果腿部缺少锻炼，容易堆积过多的脂肪，造成上半身、臀部和腿连成一片无曲线；腿过于粗大，上半身、下半身比例就会失调，影响视觉美感；腿部肌肉萎缩，有损腿部的美观，从而影响形体美。腿部肌肉线条修长，富有弹性，柔韧性好，这也是舞姿造型优美的基础。通过腿部锻炼，可以使腿部的肌肉和韧带拉长，并富有弹性，也可以增加关节的柔韧性、灵活性和腿部的弹跳力，减少腿部脂肪堆积，防止腿部肌肉萎缩，使小腿肚上提，腿部线条修长、优美、挺拔。通常腿部的热身训练和脚腕的训练同步进行，这样对脚部运动保护会起到很好的作用，也能为形体训练中的跳跃部分做热身。

一、腿部站立练习

准备姿势：双脚小八字位站立，上半身直立，双手叉腰。（图 2.31）

一个 8 拍：1—4 拍，双脚脚后跟提起离地，双脚前脚掌支撑地面，双腿和臀部肌肉收紧，使重心提高，让腿部显得更长。上半身保持收腹提气、立腰背、挺胸抬头姿势。（图 2.32）

5—8 拍，双脚脚后跟慢慢往下，脚背控制身体力量，回到准备姿势。

教学提示：在脚尖立起的时候，注意膝部不要弯曲，要靠腿部肌肉慢慢锻炼。

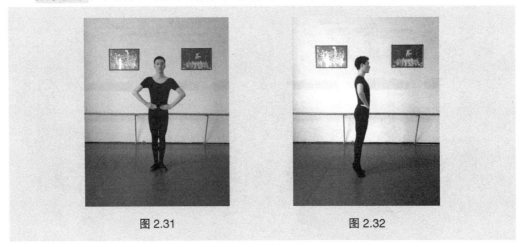

图 2.31　　　　　　　　　　图 2.32

二、地面前、旁、后压腿练习

（1）前压腿准备姿势：坐在地面，双腿并拢伸长，后背直立，双手举过头顶。（图 2.33）

一个 8 拍：1—4 拍，绷脚背，向前屈伸，手指带动身体向前压去。（图 2.34）

5—8 拍，手臂带动身体慢慢起来，回到准备姿势。

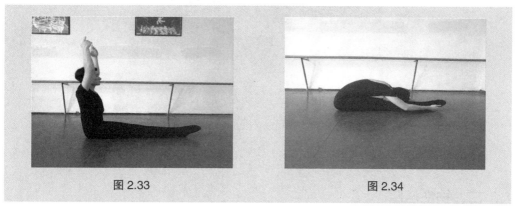

图 2.33　　　　　　　　　　　　　　　　图 2.34

（2）旁压腿准备姿势：坐在地面，一条腿伸直，另一条腿屈腿放于大腿里侧，后背直立，举起屈腿一侧的手臂。（图 2.35）

一个 8 拍：1—4 拍，举起左手手臂带动身体，向右侧腿压去，后背直立。（图 2.36）

5—8 拍，手指带动身体慢慢起来，腰部保持不动。

图 2.35　　　　　　　　　　　　　　　　图 2.36

（3）压后腿准备姿势：坐在地面，一条腿向后伸直，另一条腿屈腿向前，后背直立，双手放在地面。

一个 8 拍：1—4 拍，保持准备姿势，双手撑地，拉伸后背慢慢向后挤压后腿髋关节。（图 2.37）

5—8拍，双手撑地，慢慢回到准备姿势。

图 2.37

教学提示：

（1）初学时不要用力过猛，以免肌肉拉伤及韧带损伤。

（2）压腿和旁腿时需要用手臂拉伸后背带动向下压。

（3）注意左右腿交替练习。

三、扶把压腿

（1）扶把前压腿准备姿势：面对把杆，抬起右腿，伸直绷脚背，主力腿成正步位伸直站立，双手举过头顶。（图 2.38）

一个8拍：1—4拍，双手带动身体，向把杆腿压去，尽量用小腹去贴大腿，双腿伸直。（图 2.39）

5—8拍，双手带动身体慢慢起身，回到准备姿势。

图 2.38　　　　　　　　　　图 2.39

（2）扶把旁压腿准备姿势：侧身对把杆，抬起右腿，侧放在把杆上，主力腿脚下打开。右手叉腰，左手抬起举过头顶。（图2.40）

一个8拍：1—4拍，左手带动身体，慢慢向右侧压去，右侧的旁腰贴在右腿之上，双腿伸直。（图2.41）

5—8拍，左手带动身体起来回到准备姿势。

图2.40　　　　　　　　　　　图2.41

（3）扶把后压腿准备姿势：左手侧身扶把杆，右手抬起举头顶，左后腿搭在把杆上，右腿直立，上半身保持直体，面向左边。（图2.42）

一个8拍：1—4拍，保持准备姿势不变，右腿慢慢屈膝下压，角度为90度。（图2.43）

5—8拍，右腿慢慢起来回到准备姿势。

图2.42　　　　　　　　　　　图2.43

教学提示：

（1）压腿时，不要用力过猛，以免肌肉拉伤及韧带损伤；根据练习者的具体情况，适度下压。

（2）坐地前压时两腿要伸直，扶把压腿时，搁压的腿要伸直，可以勾脚尖也可以绷脚背。

（3）下压时，上半身要直体挺胸下压，避免弓腰、弓背。

第三章　芭蕾舞形体训练

　　芭蕾舞是文艺复兴时期诞生于欧洲宫廷的一种高雅艺术舞蹈，属于贵族文化。芭蕾舞美学讲究线条美、姿态美、心灵美、气质美、力量与速度美、服饰美等。这种"唯美"艺术的训练将为形体舞蹈线条的规范性和协调性打下良好的基础。

　　形体美对于学习形体舞蹈非常重要，芭蕾舞形体训练可以帮助学习者纠正那些涣散、松懈、拘谨、呆板、造作的不良体态，使其具有独特的线条美。芭蕾舞形体训练和其他形体训练有着显著不同。芭蕾舞形体训练的特点可以用四个字来概括，即"开、绷、直、立"。这也是由芭蕾舞独特的美学原则所决定的。

　　所谓"开"，即是向外展开，无论是手位还是脚位，踝、膝、胯、胸、肩等统统要向外展开，给人一种开朗、坦白、大气的视觉感受。"开"的训练能够最大限度地挖掘学习者原有的线条，延长身体，扩展动作，增加学生的形体表现力。当然训练是在科学基础上进行的，强度不可太大，因为我们毕竟不是在培训专业的舞蹈演员。

　　所谓"绷"，是指关节的肌肉收缩，以及脊柱和颈椎的肌肉收缩。"绷"，能改变身体原有的松懈状态，能将身体与腿部线条最大限度地延伸，从而产生和保持"开"的动势。这种"绷"与其他训练的"绷"有本质的区别，它不会形成大块的肌肉。

　　所谓"直"，是使头部、背部挺直，颈椎顺直，全身向上挺拔，从而改变学习者原有的自然状态。那些未经训练的人，有的身体松懈，有的上身弯曲，有的甚至驼背、缩脖、弯腰、罗圈腿、X腿……很多人练完芭蕾舞感觉自己的个子长高了，其实是背、腿、脚、颈部全都直起来了。

　　所谓"立"，是指头、颈、躯干、四肢，在"开、绷、直"的状态下所实现的一种整体挺拔向上、傲然挺立、重心向上引的基本状态，其中还有一个重要的特点是脚尖直立旋转，从而实现三维空间、全方位的挺立。而那些松懈、轻狂、造作、拘谨、呆板、佝偻的毛病必然都将被克服。

综上所述，芭蕾舞形体训练的"开、绷、直、立"，让所有关节肌肉收缩绷紧，使肩、胸、手臂、脚踝、胯均开放，可以让学习者改变自然的形体状态，从而达到舒展大方、健康高雅的形体美。

第一节　芭蕾舞基本手位脚位

一、舞台方位

在进行芭蕾舞基础训练时，我们需要先学习舞台方位。熟悉舞台方位是为了便于教学和练习，能够准确说明练习者在场地（舞台）上练习时的方向。我们把开始面对的方向（舞台的正前方）确定为 1 点方向，按顺时针方向，将场地划分为 8 个方位点。场地的四个角即右前方、右后方、左后方、左前方，分别是 2、4、6、8 点方向；场地的前方、右侧、后方、左侧，分别是 1、3、5、7 点方向（图 3.1）。

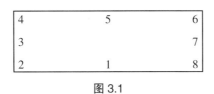

4	5	6
3		7
2	1	8

图 3.1

二、芭蕾舞手位

1. 一位手

具体做法：面向 1 点方向，双手位于身体前面，自然下垂呈半圆形，手指、手腕、胳膊肘稍稍自然弯曲，手心朝上，两手指间距离大约 10 厘米。（图 3.2）

要求：双手手指不要贴在身体上，双肩松弛，自然下垂，胳臂肘与手腕不能出现棱角。手型为五指自然并拢，无名指和中指稍靠前。

图 3.2

2. 二位手

具体做法：面向 1 点方向，双手在一位手的位置上慢慢抬起，直到肋骨的最下端，手心对着自己身体，胳膊肘、手腕、手指、手的形状保持不变，长度保持不变。（图 3.3）

要求：胳臂肘与手腕不能出现棱角，二位手的双手指间距离与一位手的距离相同。

图 3.3

3. 三位手

具体做法：面向 1 点方向，双手在二位手的位置上往上抬，在不影响肩的情况下，眼睛抬起来直到能看见小手指的外沿，手心对着自己的眼睛，双手指间距离不变。（图 3.4）

要求：三位手的双手指间距离与一位手的距离相同，胳膊架起呈半圆状，双肩放平，注意双臂位置不能过前或过后。

图 3.4

4. 四位手

具体做法：面向 1 点方向，一只手保持在三位手的位置不动，另一只手沿着人身体的中线往下切至二位手的位置。（图 3.5）

要求：手下切时，胳膊肘架起，手腕部不能松弛。

图 3.5

5. 五位手

具体做法：面向 1 点方向，一只手保持在三位手的位置不动，另一只手从二位手的位置向旁打开至体侧。（图 3.6）

要求：身体正直，气息顺畅。

图 3.6

6. 六位手

具体做法：面向 1 点方向，一只手保持向旁打开的位置，另一只手从三位手的位置往下切至二位手的位置。（图 3.7）

要求：胳膊肘架起，身体保持直立状。

图 3.7

7. 七位手

具体做法：面向 1 点方向，一只手继续保持向旁打开的位置，另一只手从二位手的位置向旁打开至体侧，双手略低于两肩。（图 3.8）

要求：双臂架起，双肩下压。整个手臂比肩略低一点，胳膊肘稍稍弯曲，手臂线条要柔和流畅。

图 3.8

三、芭蕾舞脚位

1. 一位脚

具体做法：面向 1 点方向，双脚脚后跟并拢，脚尖向外打开，角度为 180 度，完全成一水平线。（图 3.9）

要求：身体正直，双腿肌肉收紧，双脚平放在地面上，力量要均匀。

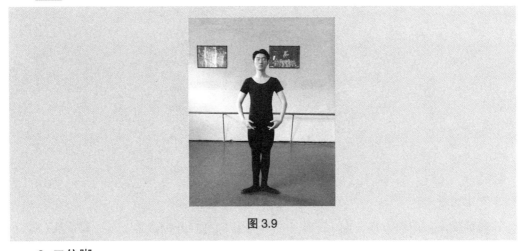

图 3.9

2. 二位脚

具体做法：面向 1 点方向，双脚在站一位脚的基础上向外展开，两脚间距为一脚的距离。（图 3.10）

要求：身体正直，双腿肌肉收紧，双脚平放在地面上，力量要均匀，两脚之间的距离要准确。

图 3.10

3. 三位脚

具体做法：一只脚外开，另一只脚同样外开并将脚后跟放在第一只脚前面足心处，保持外开形态。（图 3.11）

要求：身体正直，双腿肌肉收紧，双脚平放在地面上，双脚踝骨并拢并收紧大腿内侧根部。

图 3.11

4. 四位脚

具体做法：为方便检查动作规范性，建议面向 7 点方向，在三位脚的基础上，前后脚隔开一个竖脚的距离。（图 3.12）

要求：身体正直，双腿肌肉收紧，胯部尽量打开，身体保持稳定，双脚平放在地面上，力量要均匀，两脚之间的距离要准确。

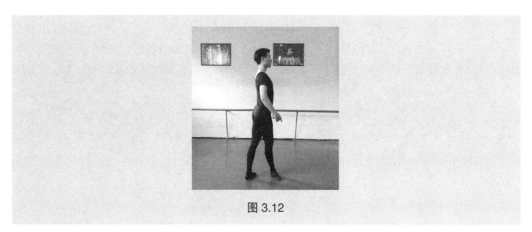

图 3.12

5. 五位脚

具体做法：面向 1 点方向，双脚保持外开状态，先站好支撑脚，再把动作脚的脚后跟对齐支撑脚的脚尖，两脚之间没有空隙，完全平行贴紧。（图 3.13）

要求：身体正直，双腿肌肉收紧，胯部尽量打开，身体保持稳定，双脚尽量外开，力量要均匀，两脚之间要完全贴紧。

图 3.13

第二节　芭蕾舞软开度地面练习

一、地面双脚勾、绷脚尖

准备姿势：坐在地面双腿伸直，绷脚尖，两手在身体后方撑地。（图 3.14）

第一个8拍：1—2拍，双脚脚尖尽量勾回，脚后跟尽量前顶，脚后跟离开地面，拉伸小腿肌肉。（图3.15）

3—4拍，双脚脚后跟并拢绷脚，脚尖尽量下压，拉伸小腿前部的肌肉。

5—8拍，重复1—4拍动作一遍。

第二个8拍：1拍，双脚脚尖尽量勾回，脚后跟尽量前顶，拉伸小腿肌肉。

2拍，双脚脚后跟并拢，脚尖向外分开，保持勾脚尖。（图3.16）

3拍，双脚脚后跟并拢不动，双脚分开绷脚尖。（图3.17）

4拍，双脚绷脚尖并拢。

5拍，双脚绷脚尖外展，双脚脚后跟并拢。

6拍，双脚脚后跟并拢不动，脚尖勾回，并保持脚尖分开。

7拍，双脚并拢勾脚尖。

8拍，双脚并拢绷脚尖。

图3.14　　　　　　　　　　　　图3.15

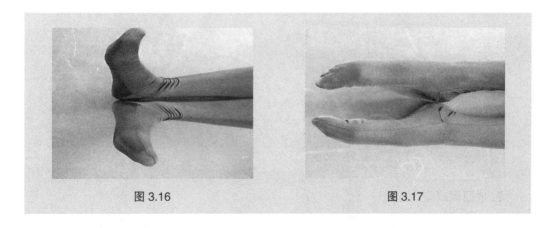

图3.16　　　　　　　　　　　　图3.17

二、地面大踢腿练习

大踢腿是腿部向各个方向加速用力摆动的动作，主要练习腿的软度、速度、爆发力，增强腿部肌肉力量。大踢腿有向前、向侧、向后的练习。踢腿时可以绷脚尖，也可勾脚尖，但这两种方式的踢腿效果是不一样的。绷脚尖的踢腿主要锻炼大腿前部的肌肉（股四头肌）和韧带。勾脚尖的踢腿主要锻炼大、小腿后侧的肌肉和韧带，对韧带的要求更高，因为勾脚尖时腿部后侧的韧带被拉得更紧，锻炼效果也会更好。在练习时注意，踢腿前一定要先热身，等身体发热、微微出汗后再做踢腿练习；或热身后先压腿拉韧带，再做踢腿练习。刚开始踢腿时不要用力过猛，防止肌肉拉伤和韧带损伤。踢腿练习可以两手叉腰进行，也可以两臂侧平举进行，还可以手扶把杆或椅子来进行锻炼。这里我们主要讲解地面踢腿的练习方式。地面踢腿对髋关节和腰部的受力较小，非常适合初学者由易到难来进行学习。

1. 地面前踢腿

准备姿势：全身躺在地面，双脚脚后跟并拢，绷脚尖，双手放在身体两侧。（图3.18）

一个8拍：1—2拍，左腿伸直，右腿用力向前上方高踢，右大腿前部肌肉用力收缩，拉伸右大腿后部肌肉和韧带，上肢和手臂不动。（图3.19）

3—4拍，右腿还原准备姿势。

5—8拍，重复1—4拍动作一遍。

图3.18　　　　　　　　　　　　　图3.19

2. 地面侧踢腿

准备姿势：身体侧躺，头脚一线，右胳膊手心向下伸直，左手放在胸口前侧地面，固定上身。（图3.20）

一个 8 拍：1—2 拍，右腿伸直，左腿膝部转开向身体一侧踢出，左腿脚尖和膝部呈
　　　　　一条线，伸直后拉伸左腿后侧肌肉和韧带，上肢和手臂不动。（图 3.21）

　　　　　3—4 拍，左腿还原预备姿势。

　　　　　5—8 拍，重复 1—4 拍动作 1 遍。

图 3.20　　　　　　　　　　　　　　　　　　图 3.21

3. 地面踢后腿

准备姿势：双膝跪地，双手撑地，与肩同宽，后背保持平衡，向后伸出右腿，然
后绷脚尖贴地。（图 3.22）

一个 8 拍：1—2 拍，保持准备姿势，右腿脚尖带动向后踢出，膝部打开朝向身体
　　　　　侧面，手臂支撑身体重心不移动。（图 3.23）

　　　　　3—4 拍，右腿还原准备姿势。

　　　　　5—8 拍，重复 1—4 拍动作 1 遍。

图 3.22　　　　　　　　　　　　　　　　　　图 3.23

教学提示：

（1）侧踢腿时要注意脚尖与膝部对齐，速度快上慢下。

（2）踢腿时注意臀部收紧，腰部不动。

（3）左右腿交换进行踢腿练习，保持双腿锻炼。

第三节　扶把训练

　　扶把训练是芭蕾舞基础训练中一个重要的练习项目，是一种训练腿部的外开性和稳定性的训练方式。它主要是全身训练，对胸、脊柱、臀、脚踝、臂的要求格外严格。扶把训练内容包括擦地、蹲、小踢腿、小弹腿、单腿蹲、划圆、控制、压腿、大踢腿等方面。我们形体课主要训练擦地、蹲、小踢腿、划圆这几个主要动作。扶把的方法有两种：双手扶把和单手把杆。这里我们以双手扶把为例来讲解，身体离把杆约二拳的距离，双手轻放在把杆上，两手距离与肩同宽，肘下垂，肩放松、下压。

一、蹲

　　动作要领：蹲主要练习脚与地面的关系，每次下蹲都是对腿部肌肉的一次锻炼。我们主要以半蹲为主。膝部对准脚尖，身体慢慢向下蹲，上肢和髋关节向上拉伸。回位时，双脚踩地，用腿部力量让身体慢慢上升。

　　准备姿势：双手扶把，一位脚准备。（图 3.24）

　　第一个 8 拍：1—4 拍，一位蹲。（图 3.25）

　　　　　　　　5—8 拍，向上还原。

　　第二个 8 拍：1—2 拍，一位蹲。

　　　　　　　　3—4 拍，向上还原。

　　　　　　　　5—6 拍，重复 1—2 拍动作 1 遍。

　　　　　　　　7—8 拍，向上还原，变二位脚。

　　第三个 8 拍：1—2 拍，二位蹲。（图 3.26）

　　　　　　　　3—4 拍，向上还原。

　　　　　　　　5—6 拍，重复 1—2 拍动作 1 遍。

　　　　　　　　7—8 拍，向上还原，变五位脚。

　　第四个 8 拍：1—2 拍，五位蹲。（图 3.27）

　　　　　　　　3—4 拍，向上还原。

5—6拍，重复1—2拍动作1遍。

7—8拍，向上还原，变一位脚。

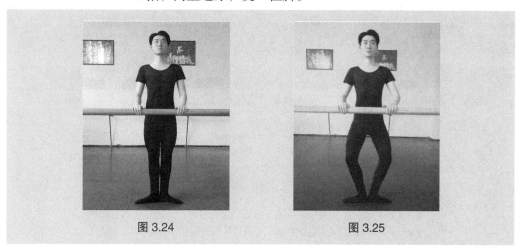

图 3.24　　　　　　　　　　　　　　图 3.25

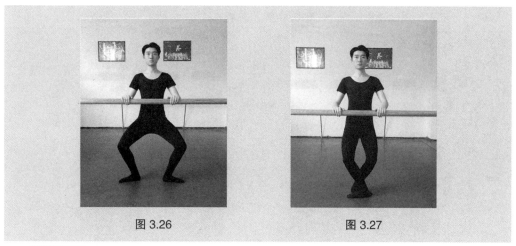

图 3.26　　　　　　　　　　　　　　图 3.27

教学提示：

（1）下蹲时膝部一定要对准脚尖，如果开度不够，可以站"小八字位"。

（2）运动过程中，保持上身和髋关节保持不动。

二、擦地

动作要领：擦地是脚与地面摩擦的动作。一位脚打开站立，擦地时脚要外开，沿着地面向前擦出，主力腿保持不变，整个运动过程中上肢与髋关节保持向上延伸。回位时，沿着出去的运动轨迹，慢慢擦地收回，上身依旧保持不变。

准备姿势：双手扶把，一位脚准备。

第一个 8 拍：1—2 拍，右脚擦地向前 1 次。（图 3.28）

3—4 拍，回一位脚。

5—8 拍，左脚擦地向前 1 次。

7—8 拍，回一位脚。

第二个 8 拍：1—2 拍，右脚擦地向旁 1 次。（图 3.29）

3—4 拍，回一位脚。

5—6 拍，左脚擦地向旁 1 次。

7—8 拍，回一位脚。

第三个 8 拍：1—4 拍，右脚擦地向前 2 次。

5—8 拍，左脚擦地向前 2 次。

第四个 8 拍：1—4 拍，右脚擦地向旁 2 次。

5—8 拍，左脚擦地向旁 2 次。

图 3.28　　　　　　　　　　图 3.29

教学提示：

（1）开始练习时做 4 拍练习，掌握后慢慢加快节奏。

（2）运动过程中，膝部不要弯曲，应该两腿直立运动。

三、小踢腿

动作要领：小踢腿动作的前部分和擦地一样，只是在最后结尾时加入小踢腿的动作，要求小腿离开地面，角度为 25 度。整个动作要干净利索，节奏轻快。

准备姿势：双手扶把，一位脚准备。

第一个 8 拍：1—2 拍，右腿小踢腿向前 1 次。（图 3.30）

　　　　　　3—4 拍，回一位脚。

　　　　　　5—6 拍，左腿小踢腿向前 1 次。

　　　　　　7—8 拍，回一位脚。

第二个 8 拍：1—2 拍，左腿小踢腿向旁 1 次。（图 3.31）

　　　　　　3—4 拍，回一位脚。

　　　　　　5—6 拍，右腿小踢腿向旁 1 次。

　　　　　　7—8 拍，回一位脚。

第三个 8 拍：1 拍，左腿小踢腿向前。

　　　　　　2 拍，回一位脚。

　　　　　　3 拍，左腿小踢腿向旁。

　　　　　　4 拍，回一位脚。

　　　　　　5 拍，右腿小踢腿向前。

　　　　　　6 拍，回一位脚。

　　　　　　7 拍，右腿小踢腿向旁。

　　　　　　8 拍，回一位脚。

第四个 8 拍：1—2 拍，左腿小踢腿向前 2 次。

　　　　　　3—4 拍，右腿小踢腿向前 2 次。

　　　　　　5—6 拍，左腿小踢腿向旁 2 次。

　　　　　　7—8 拍，右腿小踢腿向旁 2 次。

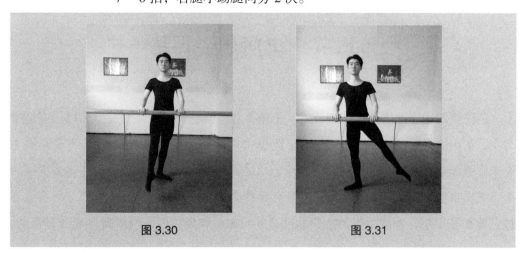

图 3.30　　　　　　　　　　　　图 3.31

教学提示：

（1）小踢腿主要训练脚擦地后起腿的速度，整个动作要迅速敏捷。

（2）落地时注意脚外开，擦地收回。

四、划圆

动作要领：划圆是一个主力腿保持不变，动力腿划圆的动作。在划圆时动力腿向外划圆，经过一个很好的擦地过程，慢慢移动到旁腿，整个过程中用脚尖带动，然后擦地收回，一位脚。

准备姿势：双手扶把，一位脚准备。

第一个8拍：1—4拍，右脚擦地向前划圆到旁腿1次。

5—8拍，擦地收回，一位脚。

第二个8拍：1—4拍，左脚擦地向前划圆到旁腿1次。

5—8拍，擦地收回，一位脚。

第三个8拍：1—8拍，右脚擦地向前划圆到旁腿1次，再到后腿，擦地收回，一位脚。

第四个8拍：1—8拍，换左脚做第三个8拍动作。

教学提示：

（1）在划圆时，保持主力腿不动，用脚尖带动身体。

（2）始终保持腿部外开，到后侧时注意膝部向外打开和脚尖保持同一方向。

第四节　中间舞姿训练

芭蕾舞的舞姿训练是形体训练的一个重要环节。芭蕾舞的舞姿造型多以静态造型为主，常用的舞姿有交叉式、鹤立式、俯望式、攀峰式和迎风展翅式等。芭蕾舞剧主要来源欧洲古典戏剧，它里面的很多角色都是宫廷里的人物，其舞姿动作很多挺拔向上，气质自信独特。因此，芭蕾舞姿具有典雅高贵、稳重大方的独特气质。只要练习过芭蕾舞基本功，在举手投足之中就能显露出来。舞姿训练不仅对舞台表演有帮助，还能提升人的气质和自信心。从动作特征来看，芭蕾舞姿对身体的头颈、腰腹、大腿都是有所要求的。它不仅需要良好的软开度作为基础，还需要学生从眼神、表情、肢体的延伸感上进一步提高。在初学芭蕾舞时都是以静态姿态为主要训练方法。

一、交叉式

准备姿势：五位脚站立，手位一位手，面向 8 点方向。

前交叉式：身体面向 8 点方向，右脚在前的五位脚站立。右脚向前擦地，脚尖点地，左臂在上的五位手，眼睛看向 8 点方向。（图 3.32）

后交叉式：身体面向 8 点方向，右脚在前的五位脚站立。左脚向后擦地，脚尖点地，左臂在上的六位手，眼睛看向 8 点方向。（图 3.33）

图 3.32　　　　　　　　　　　　　图 3.33

二、鹤立式

鹤立式分为前鹤立式和后鹤立式两种，一种是动力腿前举，一种是动力腿后举，可在主力腿直立、立踵等不同的状态下完成。

准备姿势：五位脚站立，手位一位手，面向 8 点方向。

前鹤立式：主力腿直立，动力腿屈膝（微屈）前举，角度为 90 度或以上，大腿外旋，膝部朝外，大小腿折叠，其角度大于 90 度，主力腿一侧的手臂向上至五位手。（图 3.34）

后鹤立式：主力腿直立或起踵立，动力腿屈膝（微屈）后举，角度成 90 度或以上，大腿外旋，膝部朝外，大小腿折叠，其角度大于 90 度，小腿抬平，动力腿一侧的手臂向上至五位手。（图 3.35）

图 3.34   图 3.35

第五节　跳跃训练

　　芭蕾舞的跳跃训练主要由小跳、中跳和大跳组成，是对前期地面、扶把、中间舞姿训练的一个检验。跳跃训练主要涉及腿部和腰腹的训练。另外，在跳跃训练时我们一定要注意对膝部的保护和运用。

一、小跳

　　动作要领：双脚一位脚站立，推地发力，保持空中身体姿态，落地时注意膝部稍微弯曲并朝外打开，脚尖和膝部方向相同。（图 3.36）

　　准备姿势：一位脚站立，手位一位手。

　　第一个 8 拍：1—3 拍，跳。

　　　　　　　　4 拍，落。

　　　　　　　　5—7 拍，跳。

　　　　　　　　8 拍，落。

　　第二个 8 拍：1—7 拍，跳。

　　　　　　　　8 拍，落。

图 3.36

教学提示：

（1）小跳练习时，注意落地时脚尖与膝部的方向。

（2）根据节奏变化增加难易程度，可以变换脚位做二位脚和五位脚的练习。

二、中跳

动作要领：中跳属于变位跳跃，发力部位在腿部，大腿小腿同时发力推地，一位脚起跳，空中变换二位脚落地，在落地时需要做蹲的动作来缓冲力量。（图 3.37）

准备姿势：一位脚站立，手位七位手。

第一个 8 拍：1—4 拍，一位脚起跳落二位脚。

5—8 拍，二位脚起跳落一位脚。

第二个 8 拍：1—2 拍，一位脚起跳落二位脚。

3—4 拍，二位脚起跳落五位脚。

5—6 拍，五位脚起跳落二位脚。

7—8 拍，二位脚起跳落一位脚。

图 3.37

教学提示：

（1）每次跳跃都是双起双落，膝部对准脚尖位置。

（2）注意起跳和落地时臀部和髋关节不要后凸。

第二篇：

中国古典舞训练

第四章　身韵元素训练

本章涵盖了中国古典舞身韵的基本元素部分，主要介绍了身韵元素的训练内容。身韵元素的训练是在总结戏曲、武术等传统艺术的动作规律的基础之上确定的，以腰为核心，强调身体中段训练的重要性。而"提、沉、冲、靠"等几个动律元素无论是对人体中段的肌肉还是呼吸，都各有其独到的训练价值。中国古典舞强调身韵、姿态、节奏和气韵的协调，以及动作的流畅和柔美。它的美在于完美表达了人体与自然的和谐，人与人之间的感情和关系的协调，以及文化的内涵和精神的修养。中国古典舞融合了中华文化的诗、书、画、乐、礼等元素，体现了中国传统文化中的儒、道、佛的思想和精神。在舞蹈动作中，古典舞偏向柔、慢和精美，与中国哲学中"柔弱胜刚强"的理念相符合，体现了中国文化传统中的"中和之美"思想。古典舞形式柔美，但动作却极为精细、繁琐，这种矛盾的美正是中国文化中"中庸之道"的体现。因此，古典舞在表达中华民族文化精髓和中和之美方面，具有深远的意义。

任务目标：本章选取了中国古典舞身韵中的部分元素动作，以盘坐或双腿跪的姿态完成元素训练，并将单一的元素动作训练与短句训练相结合，采取循序渐进的教学模式，让学生在学习的过程中以腰为核心，将呼吸与动作相互配合进行训练，进一步提高学生对基本元素的运用能力。

能力目标：通过本章学习，让学生了解中国古典舞的文化内涵，提升自己的综合素养。通过学习古典舞身韵，学生可以提升身体的协调能力、舞蹈技巧、表演能力、艺术鉴赏力、文化理解力、创编舞蹈能力等，并能更加深入理解音乐与舞蹈的关系。

第一节 元素之"提、沉"

一、躯干的上下动律——提、沉

提、沉是一对完全有机联系在一起的动律元素，是以呼吸带动躯干做上下直线运动的一种运动形式。

1. 提

采取坐姿或者跪姿进行训练，感觉气由丹田提至胸腔、腰椎、胸部，在微弯、含胸状态上一节节地往上，直到颈椎，最后到达头顶，感觉头顶虚空，同时要防止气息憋在胸口。在动作过程中眼神以吸气之力继续向远处放送。（图4.1、图4.2）

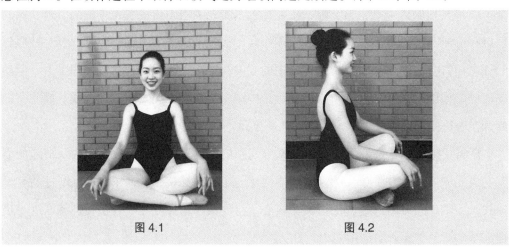

图4.1　　　　　　　　　　　　图4.2

2. 沉

采取坐姿或者跪姿进行训练，通过呼气使气息下沉，感觉气沉丹田，以呼气之力带动腰椎从自然垂直状一节一节下压，慢慢形成含胸状，在由呼气带动腰椎向下运动的过程中，眼皮也随之慢慢放松、低垂。（图4.3、图4.4）

图 4.3   图 4.4

二、提、沉组合:4/4 拍音乐

准备拍8拍:1—6拍,盘腿坐姿,双手放在膝部上面。

7—8拍,"沉"。

第一个8拍:"提"。

第二个8拍:"沉"。

第三个8拍:1—4拍,"提"。

5—8拍,"沉"。

第四个8拍:1—4拍,"提"。

5—8拍,"沉"。

第五个8拍:1—2拍,"提"。

3—4拍,"沉"。

5—6拍,"提"。

7—8拍,"沉"。

第六个8拍:1拍,"提"。

2—4拍,屏住呼吸不动。

5—8拍,"沉"。

第七个8拍:1—4拍,"提"。

5—6拍,屏住呼吸不动。

7—8拍,"沉"。

第八个8拍:1—4拍,"提",双手小三节。

5—8拍,"沉",收手到背手。

第二节 元素之"含、腆"

一、躯干的前后动律——含、腆

含、腆是一对不可分割的相辅相成的动律元素，含、腆是身体向前或向后运动的一种运动形式，是提、沉强化的结果。

1.含

"含"的动作过程和"沉"一样，所不同的是它是向后的运动形式，"含"要更加加强胸腔的内收，双肩向里合挤，腰椎形成弓形，空胸低头，防止出现"弯腰"的动作形态，可以用双手抱肩寻找感觉。（图4.5、图4.6）

图4.5　　　　　　　　　　　　　　　图4.6

2.腆

"腆"的动作运行方向与"含"正好相反，经过"提"之后，吐气双肩向后掰，胸尽量向前探出，头微微仰，使肩、胸完全舒展开。（图4.7、图4.8）

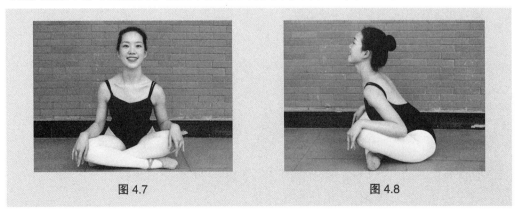

图4.7　　　　　　　　　　　　　　　图4.8

二、含、腆组合：4/4 拍音乐

教学提示：组合中还有一个动作"仰"。"仰"是在"提"的基础上，脊柱后仰，胸椎往上挑起，脖子放松上扬，鼻尖冲天花板，肩膀往下压，注意胸肌往上延伸，脖子不要往后掉。（图 4.9、图 4.10）

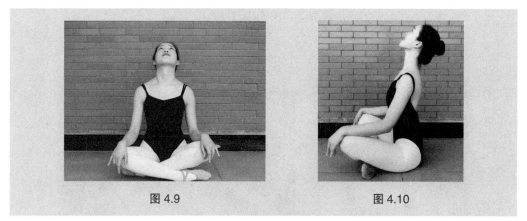

图 4.9　　　　　　　　　　　　　　图 4.10

准备拍 8 拍：1—6 拍，盘腿坐姿，双手放在膝部上面。

　　　　　　7—8 拍，"沉"。

第一个 8 拍：1—2 拍，"提"。

　　　　　　3—6 拍，"腆"。

　　　　　　7—8 拍，"提"。

第二个 8 拍：1—4 拍，"含"。

　　　　　　5—6 拍，"提"。

　　　　　　7—8 拍，"沉"。

第三个 8 拍：1—5 拍，经过"提"做"仰"。

　　　　　　6 拍，"沉"。

　　　　　　7 拍，"提"。

　　　　　　8 拍，"沉"。

第四个 8 拍：1—2 拍，"提"。

　　　　　　3—4 拍，快速地做"含"。

　　　　　　5—6 拍，快速地做"腆"。

　　　　　　7 拍，"提"。

　　　　　　8 拍，"沉"。

第五个8拍：1—2拍，"提"，双手胸前交叉提腕。

　　　　　　3—4拍，"腆"，摊掌打开，到山膀位摊掌。

　　　　　　5—6拍，不动。

　　　　　　7—8拍，"提"，双手山膀位提腕。

第六个8拍：1—4拍，"含"，双手从山膀位领腕到胸前交叉。（图4.11）

　　　　　　5拍，经过"提"做"仰"，双手从胸前向头顶提腕。

　　　　　　6拍，"沉"，双分手打开到斜下位。

　　　　　　7拍，快速地做"提"，双手斜下位摊掌，亮相。（图4.12）

　　　　　　8拍，"沉"。

图4.11　　　　　　　　　　　　　　图4.12

第七个8拍：1—2拍，"提"，双手旁起提小三节。

　　　　　　3—6拍，"含"，双手在身体前，手背相对。（图4.13）

　　　　　　7—8拍，"提"，手位到头顶。

图4.13

第八个8拍：1—2拍，"沉"，双手两边落下。

　　　　　　3拍，快速地做"仰"，双手从胸前向上穿手。（图4.14）

　　　　　　5—6拍，"沉"，双手两边落下。

　　　　　　7—8拍，"提沉"，双手两边小三节，收手到背手。

图 4.14

第三节　元素之"冲、靠"

一、躯干的斜线动律——冲、靠

冲、靠是一对相互依存的动律元素，是在提、沉的基础上身体向斜前或斜后方向运动的一种斜移的运动形式。

1. 冲

"冲"是在"沉"的过程中，用肩部外侧和胸大肌向 2 点方向或者 8 点方向做水平斜移，肩部与地面保持水平线，切记上身不能向前倾倒。如向 2 点方向运动，则感觉腰侧肌拉长，头与肩放平，头略向左偏，眼睛看冲出的方向。（图 4.15、图 4.16）

图 4.15

图 4.16

2.靠

"靠"是在"沉"的过程中,用肩部和后肋带动上身向4点方向或者6点方向靠出,动作感觉是前肋往里收,后背侧肌拉长,肩部与地面保持水平线,防止后躺,头的方向与肩部一致。如向4点方向运动,头可向左转,转动角度为45度,眼睛看8点方向;也可向左略偏头,眼睛看2点方向。(图4.17、图4.18)

图 4.17 图 4.18

二、冲、靠组合:4/4拍音乐

准备拍8拍:1—6拍,盘腿坐姿,双手放在膝部上面。

7—8拍,"沉"。

第一个8拍:1—2拍,"提"。

3—6拍,向2点方向"冲"。

7拍,"提"。

8拍,"沉"。

第二个8拍:1—2拍,"提"。

3—6拍,向6点方向"靠"。

7拍,"提"。

8拍,"沉"。

第三个8拍:1—2拍,"提"。

3—6拍,向8点方向"冲"。

7拍,"提"。

8拍,"沉"。

第四个8拍:1—2拍,"提"。

3—6拍,向4点方向"靠"。

7拍,"提"。

8拍,"沉"。

第五个8拍：1—4拍，"提"，右手小三节提起。

5—8拍，向2点方向"冲"，右手内侧手腕领，平行带回到点肩位。
（图4.19）

图4.19

第六个8拍：1—4拍，经过"沉"，直接到6点方向"靠"，右手胸前下划手到斜
下位，眼睛看左下方。（图4.20）

5—6拍，"提"，右手小三节提起。

7—8拍，"沉"，右手收背手。

图4.20

第七个8拍：1—4拍，"提"，右手摊掌从旁提起。

5—8拍，向2点方向"冲"，右手到按掌位。（图4.21）

图4.21

第八个 8 拍: 1—4 拍, 经过"提", 直接到 6 点方向"靠", 右手胸前提腕到右斜
下位摊掌, 眼皮下垂, 看左下方, 然后眼睛看 8 点方向。(图 4.22)

5—6 拍,"提", 右手小三节提起。

7—8 拍,"沉", 右手收背手。

图 4.22

结束拍: 1 拍,"提", 胸前双手小五花。

2 拍,"沉", 右手下划手。

3 拍,"提", 右手从 4 点方向提腕起。

4 拍, 向 8 点方向"冲", 左手按掌, 右手托掌。(图 4.23)

图 4.23

第四节　元素之"移"

肩腰的横线动律——移

"移"是腰、肩在水平面上，向左或向右横向移动的一种运动形式。（图 4.24）

"移"在"提"的基础上，以腰发力为主，由最下端的肋骨带动腰、肩向左或向右的正旁移动，移动的过程中，肩膀与地面平行，腰肋肌拉长，头保持不动，整个动作要有不间断的延伸感。

图 4.24

第五节　元素之"旁提"

一、躯干的弧线动律——旁提

"旁提"是完成体态线条感很重要的动律元素。"旁提"是在由"沉"往上"提"的过程中，身体由下经过"移"往上的上身弧线运动。动作过程中要注意以腰带肋、以肋带肩，一节一节往上提，最后身体形成弯月状。注意往上提到最大限度，头在过程中要随着"旁提"的动律转动，转动角度为 180 度，眼睛也要做环视屋脊线的巡视，直到"旁提"完成后头才结束转动，眼神仍要继续延伸，整个身体强调由下往上的抻长感，不同于下旁腰。"旁提"分为下弧线旁提（图 4.25）和上弧线旁提（图 4.26）。

图 4.25   图 4.26

二、旁提组合：4/4 拍音乐

准备拍 8 拍：1—6 拍，双膝跪坐，双背手。

7—8 拍，"沉"。

第一个 8 拍：1—4 拍，下弧线旁提，往右，回到"沉"。

5—8 拍，下弧线旁提，往左，回到"沉"。

第二个 8 拍：1—4 拍，下弧线旁提，往右，右手斜下位。（图 4.27）

5—8 拍，"提"至上弧线旁提，右手到斜上位摊掌。（图 4.28）

图 4.27   图 4.28

第三个 8 拍：1—4 拍，身体不动，右手到耳旁立掌。（图 4.29）

5—8 拍，经过"沉"，到右下弧线旁提，右手从胸前落到斜下位。

图 4.29

第四个 8 拍：1—4 拍，"沉"。

5—8 拍，向右下弧线旁提，双手斜下位。（图 4.30）

图 4.30

结束拍：左上旁提，双手往上，高低摊掌。（图 4.31）

图 4.31

第五章 基本舞姿训练

本章涵盖了中国古典舞身韵的基本手型、手位、舞姿、步伐。中国古典舞基本舞姿具有浓厚的民族特色，这种特色更多地体现在身法和韵律上。各类舞姿组合中不同的身法又包含了许多不同的步伐。身法和步伐是互相依存、融会贯通的。由于传统的古典舞身法与步伐种类繁多，本书仅对其基础身法和步伐进行介绍，以供形体课学生学习与参考。

任务目标：本章选取了中国古典舞身韵中的徒手部分动作，让学生首先学习基本手型、手位、脚位，再进一步学习舞姿步伐，最后通过短句组合的训练，进一步了解中国古典舞的基本知识。采取循序渐进的教学模式，让学生在学习的过程中以腰为核心，将呼吸与动作相互配合进行训练，进一步提高学生在基本元素与基本舞姿结合方面的运用能力。

能力目标：通过本章学习，让学生了解中国古典舞的文化内涵，提升自己的综合素养；让学生通过舞蹈训练掌握中国古典舞的表演风格，感受古典舞的魅力，增强自我的审美意识，树立民族自信。

第一节 基本手位

一、手型的认识

1. 兰花掌（女掌）

大拇指与中指相靠，其他手指自然翘起，这是中国古典舞中女生最基本的手型。（图5.1、图5.2）

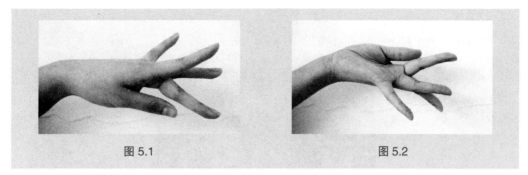

图 5.1   图 5.2

2. 虎掌（男掌）

四指并拢，虎口张开，指根压紧上翘，掌心要呈涡形。手腕要与手背成弧状，切不可成直角状，手臂在自然的状态及内旋时的掌式，这是中国古典舞中男生最基本的手型。（图 5.3、图 5.4）

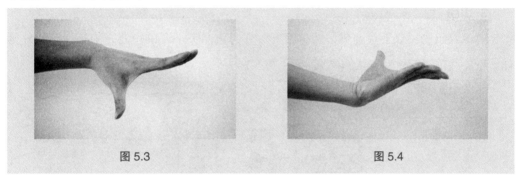

图 5.3   图 5.4

二、手位介绍

1. 背手

双手兰花掌，手背轻轻贴在腰胯两侧靠后，手臂自然弯曲。（图 5.5）

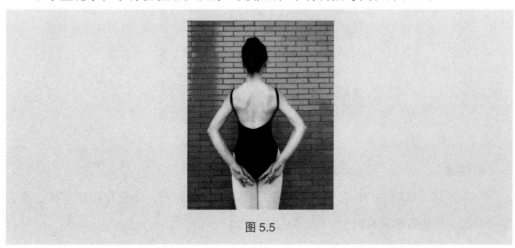

图 5.5

2. 叉腰

虎口张开放于腰上，手腕放松。（图5.6）

图5.6

3. 山膀

（1）双山膀：双手兰花掌，双臂打开，在身体两旁平开的位置，中指指腹往外延伸，指尖往前翘起，双臂成自然弧形。（图5.7）

图5.7

（2）单山膀：动作同双山膀，单手兰花掌，另外一只手做背手。（图5.8）

图5.8

4. 按掌

（1）按掌（单手）：单手兰花掌，手心朝下，放于胸前，中指指腹往下按，指尖尽力翘起。男生按掌稍有区别。（图5.9）

图 5.9

（2）双按掌：双手兰花掌，手腕交叉，放于胸前，小臂自然下垂。男生双按掌稍有区别。（图 5.10）

图 5.10

5. 托掌

双手兰花掌，指尖相对，手心朝上，放于头顶，中指指腹往上延伸。托掌分为单托掌（图 5.11）和双托掌（图 5.12）。

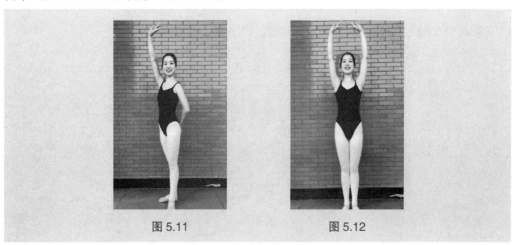

图 5.11　　　　　　　　　图 5.12

6. 顺风旗

（以图为例）右手托掌，左手山膀，身体转向 8 点方向，眼睛看 8 点方向。（图 5.13、图 5.14）

图 5.13   图 5.14

三、手位组合：2/4 拍音乐

准备拍：右丁字步位，双手背手。

第一个 8 拍：右手旁起到单山膀，眼睛看 1 点方向。

第二个 8 拍：右手经"沉"到单手按掌，眼睛看 8 点方向。

第三个 8 拍：右手经"沉"往旁起手到单托掌，眼睛看 8 点方向。

第四个 8 拍：左手旁起成双托掌，眼睛看 1 点方向。

第五个 8 拍：双手按到胸前，双手按掌，眼睛看 1 点方向。

第六个 8 拍：双手下划旁起到右顺风旗，眼睛看 8 点方向。

第七个 8 拍：双手下划至右按掌，左山膀，眼睛看 1 点方向。（图 5.15）

第八个 8 拍：左手下划旁起至双山膀，眼睛看 1 点方向。

图 5.15

第二节　基本脚位、步位

一、基本脚位

（1）正步位：双脚并拢，脚尖正对身体前方，重心放在两脚上。（图 5.16）

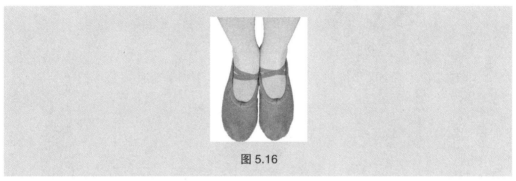

图 5.16

（2）小八字位：双脚脚后跟并拢，脚尖分别对 2 点、8 点方向呈小八字状，髋关节外旋，重心放在两脚上。（图 5.17）

图 5.17

（3）大八字位：双脚的脚后跟一字分开与肩同宽，髋关节外旋，重心放在两腿中间。（图 5.18）

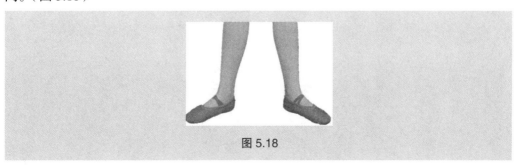

图 5.18

（4）丁字步位：前脚对着后脚脚弓处呈丁字状，头和前脚尖对8点方向，身体向2点方向，重心放在后面的脚上。（图5.19、图5.20）

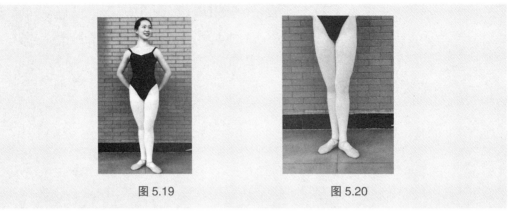

图5.19 　　　　　　　　　图5.20

（5）踏步位（后交叉步位）：右脚在左脚后侧，用脚掌踏地。（图5.21）

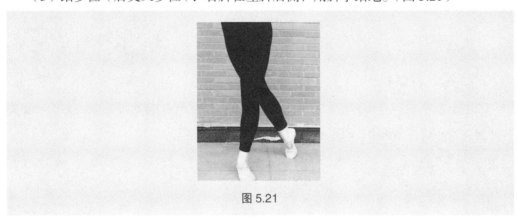

图5.21

二、基本步位

（1）弓箭步：是丁字步位的扩大与发展，右脚沿脚尖方向伸出后，膝部弯曲，角度成90度，左腿伸直，脚尖和身体正对1点方向，重心垂直于两腿之间。要求前脚大腿平，小腿垂，开胯、膝部朝脚尖方向，做到前弓后绷，立腰拔背。（图5.22）

图5.22

（2）扑步：是脚的位置中幅度最大的一种，主力腿屈膝深蹲，大腿与小腿相贴，臀部接近小腿，全脚着地，脚尖和膝部微微向外打开，动力腿绷直拉长，上身尽量向前俯，重心放在屈膝的主力腿上。（图5.23）

图 5.23

（3）掖步：在丁字步位的基础上，顺着后腿脚后跟的方向撤后腿，前腿弯曲，大腿交叉，重心放在前腿上，腰部横拧。（图5.24）

图 5.24

三、脚位组合：2/4拍音乐

准备拍：正步位，双手背手。

第一个8拍：正步位，眼睛看1点方向。

第二个8拍：小八字位，眼睛看1点方向。

第三个8拍：大八字位，眼睛看1点方向。

第四个8拍：右后丁字步位，眼睛看8点方向。

第五个8拍：右脚往后，踏步位，眼睛看8点方向。

第六个8拍：右脚往后，大掖步，眼睛看8点方向。

第七个 8 拍：右脚后弓箭步，眼睛看 1 点方向。

第八个 8 拍：右脚收回，小八字位，眼睛看 1 点方向。

第三节　基本步伐

一、圆场训练

圆场是身韵中具有中国气派的典型动作，要求体现出一种行云流水的美感。由于圆场不受方位和运动路线的限制，加上流畅自由的步伐特点，它可以和全部元素进行综合性的练习，以强化元素动作在流动中上下身的相互关系。

准备：正步位，沿顺时针方向开始训练。

动作：圆场的步伐一般采用半步的方式，即行进脚的脚后跟沿直线落在支撑脚的脚弓处。如此反复。

它的要求有以下几点：

（1）圆场要求身体平稳，不能有起伏，其关键是让膝部保持松弛的微弯状态。

（2）半步的圆场步伐强调勾和压脚掌的动作要清晰。在压脚掌的动作过程中，要让学生体验到是用行进脚勾脚的外侧缘压下。

1. 圆场图示（图 5.25—图 5.28）

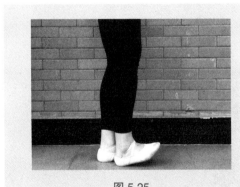

图 5.25

图 5.26

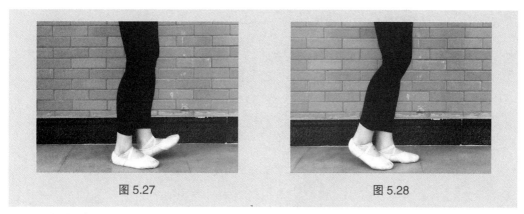

图 5.27　　　　　　　　　　图 5.28

2. 圆场音乐

圆场在音乐选择上，尽量用 2/4 拍的舒缓、流动性的音乐。

二、花帮步训练

花帮步与圆场有着相似的特点，它以脚掌为支撑点，可向前、向旁、向后方向做快速移动的动作。花帮步主要是女班教材。

准备：正步位，双背手或者其他的手位，膝部微弯。

动作：抬起脚后跟、勾脚，双脚依次用脚掌向前或向旁或向后方向快速移动。

1. 花帮步图示（图 5.29、图 5.30）

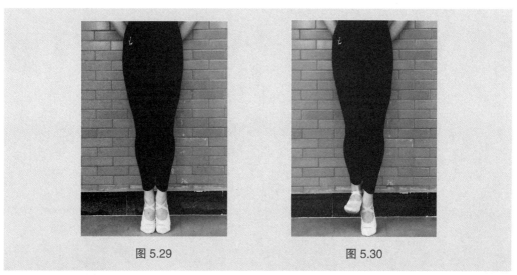

图 5.29　　　　　　　　　　图 5.30

2. 花帮步音乐

花帮步在音乐选择上，尽量用 2/4 拍的小快板节奏的音乐。

第三篇：
中国民族民间舞训练

第六章　东北秧歌舞蹈

东北秧歌是盛行于我国东北地区极具代表性的一种民间传统舞蹈。东北秧歌舞蹈表演形式多样，手巾花技巧丰富，一般都是有歌有舞有伴奏。人们通常用秧歌的形式来庆贺传统节日和表达对这片黑土地的热爱。在热闹的锣鼓唢呐声中人们欢悦起舞，气氛欢快、场面热闹红火。东北秧歌这种极具浓郁乡土气息的舞蹈，强烈地展现出东北人民热情、火辣、纯朴的个性。

任务目标：本章选取了东北秧歌舞蹈中的基本体态、动律、步伐以及常用手巾花技巧等，将单一动作训练与组合训练相结合，采取循序渐进的教学模式，让学生在学习过程中体会东北秧歌中稳、耿、俏、浪的舞蹈风格特点；同时将花样繁多的手巾花技法与扭动的舞姿相结合，使学生掌握刚柔并济的动作要领，塑造形体美，增加对东北秧歌舞蹈风格的把握。

能力目标：通过本章学习，让学生了解东北秧歌舞蹈的文化内涵，提升自己的综合素养；让学生通过舞蹈训练掌握东北秧歌的舞蹈表演风格，感受民族舞蹈的魅力，增强自我的审美意识，树立民族自信。

第一节　体态动律训练

一、基本体态

具体做法：脚下正步位，双脚脚后跟对齐，双膝靠拢，胯部收紧并向上提起，上

身略微往前倾，重心放在前脚掌上，含胸收下颚、脊椎后背向上拉伸，双手手背叉腰、胳膊肘向里集中。（图 6.1）

教学提示：注意整体形态的把控，强化学生塑造形象的意识，做到以情带舞，举手投足间将情感融入舞蹈中，充分体现其风格特点。

图 6.1

二、动律训练

1. 上下动律

具体做法：保持基本体态，上身做上下摆动，用肋骨发力带动上身向上提旁腰，另一侧肋骨下压保持肩膀的下沉，身体向一边倾压的同时出腮。（图 6.2、图 6.3）

教学提示：注意上身做上下动律交替时要有耿劲儿，下身要稳不要晃动，让气息贯穿身体并带动身体做左右的弧线运动。

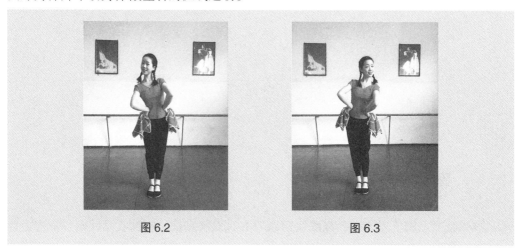

图 6.2   图 6.3

2. 前后动律

具体做法：保持基本体态，上身一前一后横向摆动，以腰部为轴心，肋骨发力带动上身向前倾拧，另一侧肋骨则向后拉，身体交替对着2点方向与8点方向完成前后横拧的动律。（图6.4、图6.5）

教学提示：注意前后动律的过程中，叉腰手要保持向前集中，不要来回晃动胳膊肘与肩膀，保持上身体态沉稳，靠腰部来回的扭动形成前后动律。

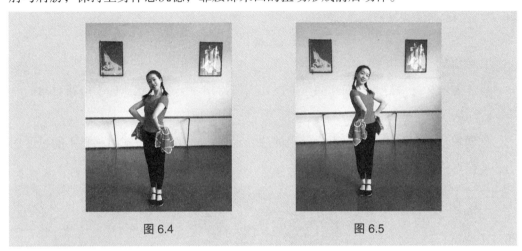

图6.4　　　　　　　　　　　　　　图6.5

3. 划圆动律

具体做法：保持基本体态，以腰部为轴带动身体做划圆的弧线运动，肋骨带动上身上下来回划8字圆，即身体经过上、前、下、回交替做立圆的动作过程。（图6.6—图6.8）

教学提示：注意在上身划圆时重拍在下，掌握其动律节奏，头部动作要跟随身体倾拧，在身体划圆的同时要保持脚下的稳定性，胯部及下肢不能随之扭动。

图6.6　　　　　　　　　　图6.7　　　　　　　　　　图6.8

第二节 手巾花训练

一、基本手式

1. 全握式

具体做法：虎口打开，四指曲指并拢，大拇指扣住呈握拳状抓住手巾花对角的一半。（图 6.9）

教学提示：全握式常用于手巾花里的片花动作，注意捏手巾花时手指不能过度用力，要保持整体手型的松弛感。

图 6.9

2. 单指握

具体做法：在全握式的基础上，将食指打开伸出贴住手巾花的边缘。（图 6.10）

图 6.10

教学提示：单指握常用于绕花动作，注意在手巾花训练时要以指带腕进行转动，运动过程中食指要藏住，强调手巾花的立面。

3. 对角握

具体做法：用大拇指和食指拧住手巾花对角处的中心位置，其余手指放松微翘。（图 6.11）

教学提示：对角握常用于手巾花训练中的甩巾与抛巾动作，注意捏巾的手型不要过于僵硬，要始终保持美感。

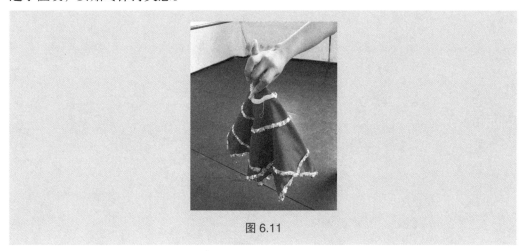

图 6.11

二、基本手位

1. 自然位

具体做法：双手全握手巾花，手臂自然下垂于身体两侧，手巾花贴在裤边处。（图 6.12）

图 6.12

教学提示：自然位要注意对整体形态的把控，身体不能过于松弛，整体重心略微前倾。

2. 展翅位

具体做法：双手全握手巾花，压胳膊肘、压手腕，手心朝外，放在腰两侧，每侧手与身体的角度为 45 度。（图 6.13）

教学提示：该手位要呈现出燕子展翅时的动作，因此在训练时要注意准确掌握其双手的位置。

图 6.13

3. 扁担位

具体做法：双手全握手巾花，与肩平行，手肘微弯，手心用劲朝外延伸。（图 6.14）

教学提示：该手位源自生活中挑扁担的形态，要注意整体手臂动作的支撑感。

图 6.14

4. 双扬位

具体做法: 双手全握手巾花,手心相对,手巾花朝外搭住,放在身体斜上方。(图 6.15)

教学提示: 注意保持整体手位的上扬感,运动过程中肩膀要始终保持下沉,双手手腕要往下压。

图 6.15

5. 搭肩位

具体做法: 双手全握手巾花,屈肘翻腕,手心朝上,手巾花搭在肩膀上,大臂要与肩膀齐平。(图 6.16)

教学提示: 搭肩位要注意将手巾花轻搭在肩膀上,双手持巾保持在耳旁的位置。

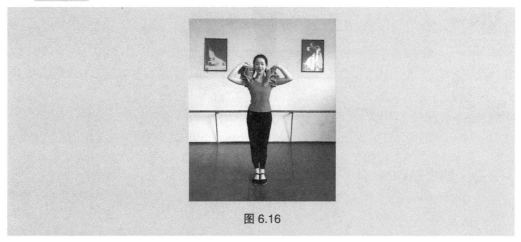

图 6.16

6. 胸前位

具体做法: 双手全握手巾花,两肘弯曲架起,放在胸前,压手腕,手心朝前。(图 6.17)

教学提示：胸前位要注意把控手与身体的位置，始终间隔约两拳的距离。

图 6.17

7. 叉腰位

具体做法：双手全握手巾花，手背叉腰，肘关节稍向里集中。（图 6.18）

教学提示：叉腰位常用于东北秧歌舞蹈中的准备动作，注意保持整个手位的造型感。

图 6.18

三、基本动作

1. 绕花

具体做法：两手自然位，手心朝上、小臂经过斜下位至胸前做里绕花，绕花时手腕带动手指转动向里绕一圈，手巾花转动的面要朝前打开，小臂做立圆的环动。（图 6.19、图 6.20）

教学提示：绕花动作可用于单手和双手，注意绕花时要着重掌握其过程慢、绕花速度快的节奏特点。

图 6.19　　　　　　　　　　　　图 6.20

2. 单臂花

具体做法：一手叉腰一手绕动，手巾花的绕动路线是前一个旁一个，小臂经过斜下位至胸前做里绕花，转动完后压腕下抹经过一个下弧线接扁担位的旁绕花。（图6.21、图6.22）

教学提示：注意保持整体动作手臂的松弛，手巾花快转后要注意手腕带动手臂下抹，重拍节奏在下。

图 6.21　　　　　　　　　　　　图 6.22

3. 双臂花

具体做法：在单臂花的基础上双手做动作，一手放在胸前、一手放在身体旁侧，同时做里绕花，经过下弧线的环动两手交替完成双臂花。（图6.23、图6.24）

教学提示：双臂花要注意双手需同时完成绕花动作，节奏要统一。

图 6.23　　　　　　　　　　　　图 6.24

4. 交替花

具体做法：双手在胸前位置做交替绕花。小臂弯曲于胸前做里绕花，双手来回绕顺时针与逆时针的立圆，注意交替时要保持手巾花的流动性，并在同一个水平位置进行交替。（图 6.25、图 6.26）

教学提示：交替花动作要配合身体的上下动律来完成，注意舞姿配合要协调，运动过程中上身与手巾花的转动要有呼应，双手交替时的动作需连贯。

图 6.25　　　　　　　　　　　　图 6.26

5. 蝴蝶花

具体做法：双手手心向上抹，在胸前做交叉绕花，左手在外右手在里，抹手经过下弧线双手同时横向分开，双臂至扁担位时做里绕花。（图 6.27、图 6.28）

教学提示：注意运动过程中身体和头要跟随手巾花的路线左右横向转动，手巾花的绕花强调重拍在下。

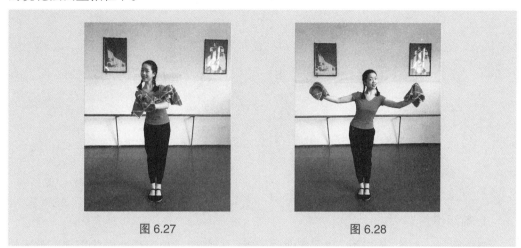

图 6.27　　　　　　　　　　图 6.28

6. 蚌壳花

具体做法：双手手心朝上，从身体两侧抬起至斜上方，双手绕花后屈肘于胸前，同时身体和头拧至右侧 2 点方向的位置，随后双手朝斜上分开由手腕带动朝外缠 2 次，同时身体和头拧至左侧 8 点方向的位置，最后手心朝上手背往下抹至扁担位。（图 6.29—图 6.31）

教学提示：蚌壳花动作要配合身体的前后动律来完成，强调身体的协调性。注意运动过程中绕花与缠花的动作要流畅自如，准确区分身体与手巾花配合的位置。

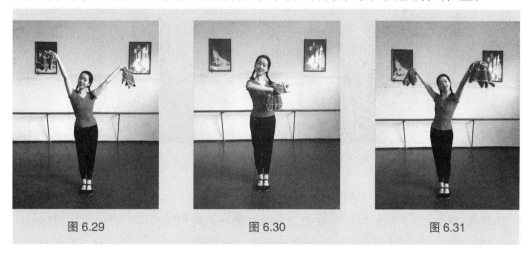

图 6.29　　　　　　　　图 6.30　　　　　　　　图 6.31

第三节 基本步伐训练

一、踢步

1. 前踢步

基本做法：脚下正步位，膝部弯曲的同时一只脚经过地面快速向前踢出，前踢的角度为 15 度，往回时由膝部上提带动脚下勾脚收回原位，收回时用脚后跟点地再将重心慢移至前脚掌。（图 6.32、图 6.33）

教学提示：强调踢步的速度，脚要快出快回，膝部的屈伸与脚下的动作要协调配合，掌握弱拍踢出重拍收回的节奏特点。

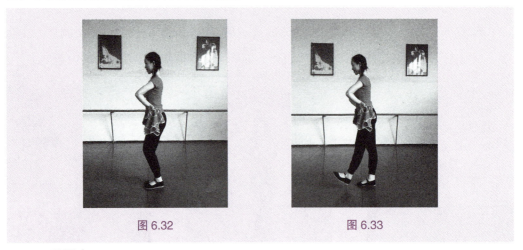

图 6.32　　　　　　　　　　　　　　图 6.33

2. 后踢步

具体做法：脚下正步位，双膝下压带动一侧脚的前脚掌蹭地、脚后跟快速朝后踢出，随后膝部上提脚快速回落，勾脚点地并慢移重心至前脚掌。（图 6.34、图 6.35）

教学提示：注意后踢时脚后跟要尽量朝臀部靠拢，膝部的屈伸与脚下的动作要协调配合，应快而短促，强调重拍在下。

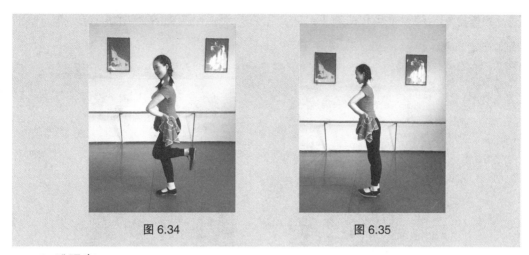

图 6.34　　　　　　　　　　图 6.35

3. 跳踢步

具体做法：脚下正步位，双脚跳起时同时完成跳与踢的动作，即主体腿单脚落地，动力腿则小腿弯曲带动脚下绷脚后踢，踢出时脚后跟尽量朝臀部靠拢，双脚交替进行跳踢。（图 6.36、图 6.37）

教学提示：跳踢时注意重拍在下，落地时将重心放在前脚掌上，然后再回原位；弹跳时膝部要微弯，保持弹性，动作要干净利落。

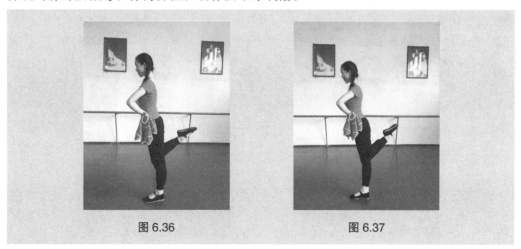

图 6.36　　　　　　　　　　图 6.37

二、场步

1. 走场步

具体做法：双腿保持屈膝，上步时勾脚点地，重心慢移至前脚掌，两脚交替走动。（图 6.38、图 6.39）

教学提示：注意走场步时脚下的距离不宜过大，保持脚下半步的交替，走动要平稳富有流动感。

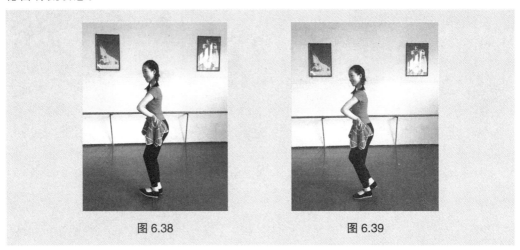

图 6.38　　　　　　　　　　图 6.39

2. 跑场步

具体做法：跑动时主体腿落地，动力腿小腿朝后自然弯曲，身体下压配合双脚交替跑动。（图 6.40、图 6.41）

教学提示：运动过程中脚下跑动的距离要保持一致，落地时用前脚掌着地，交替跑动的步伐要轻盈。

图 6.40　　　　　　　　　　图 6.41

第四节 东北秧歌舞蹈组合训练

一、动律组合

组合音乐节奏：4/4 拍。

第一段

准备：脚下正步位，身体朝 1 点方向，双手持巾叉腰。

第一个 8 拍：1—2 拍，快压脚后跟。

3—4 拍，停住并保持体态。

5—8 拍，重复 1—4 拍动作 1 遍。

第二个 8 拍：1—4 拍，压脚后跟右倾上下动律。

5—8 拍，反面上下动律。

第三个 8 拍：重复第二个 8 拍动作 1 遍。

第四个 8 拍：1—4 拍，压脚后跟，双手胸前交替绕花。

5—8 拍，压脚后跟，双手展翅位里绕花。

第五个 8 拍：1—4 拍，双手收回叉腰左拧前后动律。

5—8 拍，反面前后动律。

第六个 8 拍：重复第五个 8 拍动作 1 遍。

第七个 8 拍：1—4 拍，右划圆动律。

5—8 拍，左划圆动律。

第八个 8 拍：重复第七个 8 拍动作 1 遍。

第二段

第一个 8 拍：1—2 拍，左脚向旁迈出到大八字位，双手抛巾至扁担位。

3—4 拍，右脚上移左后点步，身体转向 8 点方向，双手里绕花至双扬位。

5—8 拍，原地上下动律。

第二个 8 拍：1—2 拍，压脚后跟左拧前后动律。

　　　　　　3—4 拍，压脚后跟右拧前后动律。

　　　　　　5—8 拍，重复 1—4 拍动作 1 遍。

第三个 8 拍：1—2 拍，右脚向旁迈出到大八字位，双手甩巾至自然位。

　　　　　　3—4 拍，左脚上移右后点步，身体转向 2 点方向，双手里绕花至胸前位。

　　　　　　5—8 拍，原地上下动律。

第四个 8 拍：保持姿势，划圆动律 2 次，运动过程中膝部向下弯曲。

第五个 8 拍：保持后点步深蹲位置，划圆动律 2 次，运动过程中膝部慢慢伸直。

第六个 8 拍：1—4 拍，左脚后撤，身体朝 2 点方向，双手至搭肩位。

　　　　　　5—8 拍，反方向重复 1—4 拍动作 1 遍。

第七个 8 拍：1—4 拍，左脚向前上步至正步位，身体朝 1 点方向，双手扁担位里绕花。

　　　　　　5—8 拍，压脚后跟前后动律，双手蝴蝶花，身体分别朝 2 点与 8 点方向做动作。

第八个 8 拍：1—4 拍，压脚后跟前后动律，双手蝴蝶花。

　　　　　　5—6 拍，双手至展翅位。

　　　　　　7—8 拍，左脚后撤步双手绕花到叉腰位，身体朝 2 点方向重心稍向后靠。

教学提示：要求掌握东北秧歌舞蹈中不同动律元素与手巾花动作的协调配合，注意舞姿中点与线的处理，强化"韵"的表达。动律组合训练要求以腰部为轴心扭动，呈现出东北秧歌舞蹈踩在板上、扭在腰上的风格特点。

二、步伐组合

踢步组合音乐节奏：2/4 拍。

第一段

准备：脚下正步位，身体朝 1 点方向，双手持巾自然位。

第一个 8 拍：1—4 拍，前踢步接左手叉腰右手单臂花。

　　　　　　5—8 拍，重复 1—4 拍动作 1 遍。

第二个 8 拍：1—4 拍，身体朝 2 点方向左前踢步 2 次，右手斜上左手平肩舞姿里
　　　　　　绕花 2 次。

　　　　　　5—6 拍，左前屈膝踏步接右手划圆绕花。

　　　　　　7—8 拍，朝 1 点方向双手扁担位里绕花 1 次，双膝直立，脚下正步位。

第三个 8 拍：1—4 拍，后踢步接双手交替花。

　　　　　　5—8 拍，重复 1—4 拍动作 1 遍。

第四个 8 拍：1—4 拍，身体朝 7 点方向右前踢步 2 次，左手斜上右手平肩舞姿里
　　　　　　绕花 2 次。

　　　　　　5—6 拍，右前屈膝踏步接左手划圆绕花。

　　　　　　7—8 拍，朝 5 点方向双手扁担位里绕花 1 次，双膝直立，脚下正步位。

第五个 8 拍：1—2 拍，左脚旁迈步，右手从上绕花至肩前位。

　　　　　　3—4 拍，右脚旁迈步，左手从上绕花至肩前位。

　　　　　　5—8 拍，重复 1—4 拍动作 1 遍。

第六个 8 拍：跳踢步接双手交替花原地左转至 1 点方向，跳踢步节奏为 1 拍 1 次。

第七个 8 拍：1—4 拍，压脚后跟，双手蝴蝶花。

　　　　　　5—8 拍，重复 1—4 拍动作 1 遍。

第八个 8 拍：1—2 拍，原地蹲跳，脚下对 7 点方向，身体倾拧留在 1 点方向接双
　　　　　　手展翅位里绕花。

　　　　　　3—4 拍，左脚后踢步，双手展翅位里绕花。

　　　　　　5—8 拍，重复 1—4 拍动作 1 遍。

第二段

第一个 8 拍：1 拍 1 次双手交替花走场步，朝 7 点方向行进。

第二个 8 拍：1—2 拍，原地蹲跳，脚下对 3 点方向，身体倾拧留在 1 点方向接双
　　　　　　手展翅位里绕花。

　　　　　　3—4 拍，右脚后踢步，双手展翅位里绕花。

　　　　　　5—8 拍，重复 1—4 拍动作 1 遍。

第三个 8 拍：1 拍 1 次双手交替花走场步，朝 3 点方向行进。

第四个 8 拍：1—4 拍，摊手扁担位接碎步回至原位。

　　　　　　5—8 拍，原地双手双臂花压脚后跟 2 次。

第五个 8 拍：1—4 拍，朝 1 点方向前踢步接双手蚌壳花。

5—8 拍，朝 3 点方向前踢步接双手蚌壳花。

第六个 8 拍：1—4 拍，朝 5 点方向前踢步接双手蚌壳花。

5—8 拍，朝 7 点方向前踢步接双手蚌壳花。

第七个 8 拍：1—4 拍，跳踢步接双手双扬位甩巾。

5—8 拍，重复 1—4 拍动作 1 遍。

第八个 8 拍：1—4 拍，双手交替花跑场步。

5—8 拍，重复 1—4 拍动作 1 遍，朝 3 点方向跑下场。

教学提示：该组合是步伐与手巾花的综合性训练组合，通过组合的练习，让学生掌握东北秧歌舞蹈中脚下步伐的耿劲儿，并能配合花样繁多的手巾花技巧完成动作。该组合要求节奏欢快、动作灵活，呈现出东北人热情质朴、刚柔并济的风格特点。

第七章　藏族舞蹈

藏族是一个能歌善舞的民族，其歌舞艺术种类丰富、形式多样，舞蹈姿态优美、种类繁多，有着丰富的文化内涵。藏族踢踏舞节奏感强、步伐丰富、动作多变，舞蹈具有丰富的表现力，步伐的颤、踏体现出踢踏舞的欢快热情。弦子舞是藏族人民的一种自娱性舞蹈，随着弦子节奏的变化，舞姿变化多样，其中三步一撩、三步一靠等步伐与水袖动作的结合，体现出悠闲祥和、优美抒情的风格特征。

任务目标：本章选取了藏族舞蹈中的踢踏舞与弦子舞来进行舞蹈形体训练，通过单一动作及组合训练，让学生了解藏族不同风格舞蹈的基本特点、动作韵律及表现形式，提高学生的情感表演能力，提升学生的自信心及艺术修养，增进学生对少数民族文化的了解。

能力目标：通过舞蹈形体训练，让学生了解藏族的民族文化及地域风情，掌握藏族舞蹈的基本元素，提升自己的肢体协调能力和综合应用能力，增强自我的审美意识。

第一节　体态动律训练

一、基本体态

具体做法：上身保持松弛，胸口稍微内含，背部前倾，肩膀下沉双臂自然下垂，整体重心略微靠前，双脚脚尖自然打开，脚后跟靠拢。（图7.1）

教学提示：在藏族民间舞蹈中，松胯、弓腰、曲背等是常见的基本体态，因此在训练时要注意体态不能过于僵硬与挺拔，整体保持一种很虔诚的状态。

图 7.1

二、基本动律

1. 颤动律

具体做法：膝部保持松弛的状态，膝部上下颤动时动作要有弹性且连续不断，注意动作幅度要小。颤膝要灵活，颤动的节奏要均匀且重拍在下。（图 7.2）

教学提示：颤膝是藏族舞蹈中最具有典型特色的动律特征，也是最常用于藏族舞蹈当中的一个标志性动作，因此颤动律的训练是学习藏族舞蹈必备的核心训练要素。膝部快速地颤动表达出欢快、高涨的情绪。颤膝的快慢、幅度大小的变化，可表达出不同的情绪及韵味。

图 7.2

2. 屈伸动律

具体做法：膝部保持松弛的状态，膝部屈伸的频率较慢，形式为一屈一伸，在屈伸下沉时身体经过一个上弧线落至坐懈胯，上身与头部跟随动作一起运动。（图 7.3、图 7.4）

教学提示：膝部上下屈伸时动作要有柔韧性和连贯性，既松弛又有控制力，表现出连绵不断的感觉。屈伸动律是藏族舞蹈风格的体现，慢的屈伸动作细腻舒缓，其线条感向外延伸，体现出抒情柔美的特点。屈伸的快慢、幅度大小的变化，可延伸出不同风格的舞姿动作，表现出不同的韵味。

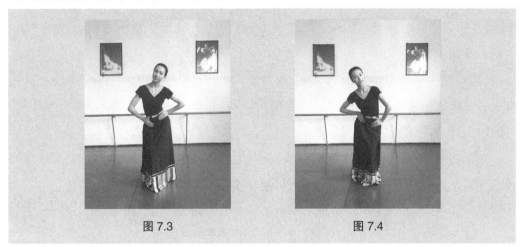

图 7.3   图 7.4

第二节 基本动作训练

一、藏族踢踏舞基本步伐与舞姿

1. 冈打

具体做法：在颤膝的基础上，脚掌抬起的瞬间快速打击地面，冈打重拍在下，脚后跟要踩实地面，身体不要前后晃动。（图 7.5、图 7.6）

教学提示：在藏族舞蹈中用脚掌打地这种踏法称为"冈打"，该动作有双脚与单脚的做法。

图 7.5　　　　　　　　　　　　图 7.6

2. 平踏步

具体做法：在颤膝的基础上，两脚交替原地踏步或者移动踏步。每次双脚交替时，其中一只脚抬至另一脚脚踝的位置，落地踏步时注意脚下的节奏要均匀，步伐要平稳。（图 7.7）

教学提示：平踏步是藏族舞蹈中最为典型的基本动作，步伐的来源与高原地区寒冷的气候息息相关，不停地跺脚踏步可以使身体快速温暖起来。

图 7.7

3. 退踏步

具体做法：动力腿后撤半步用脚掌点地，主力腿微抬原地踏踩，动力腿向前半步全脚掌重踏踩地、突出踏的重拍，同时腿部贯穿颤膝动律、膝部保持松弛的状态。手臂动作配合脚下前后摆动，摆动角度为 45 度，具体动作为：右脚退右手向前摆左手向后摆，右脚踏左手向前摆右手向后摆，手臂自然下沉，用手腕带动发力，小臂不要弯曲，手脚动作配合要流畅。（图 7.8、图 7.9）

教学提示：退踏步要配合上身的前后动律来完成，退踏时身体不要前后移动，运动过程中要注意重心始终放在主力腿上。

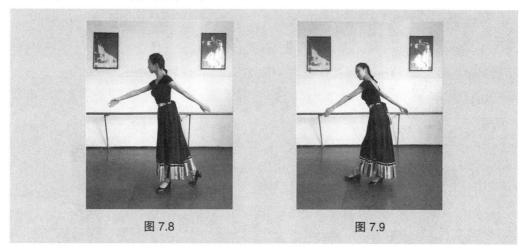

图 7.8   图 7.9

4. 抬踏步

具体做法：动力腿抬起的同时主力腿冈打，动力腿落地主力腿踏步落于前丁字步位，注意抬腿时膝部稍微朝外打开，颤动律贯穿始终。步伐配合晃盖手，即一只手晃动的同时另一手屈臂立腕，手背带动手向上抹，经上弧线至胸前摆动到腰旁位置，形成上弧线的双手流动。（图 7.10、图 7.11）

教学提示：通过抬踏步的训练，感受藏族舞蹈中步伐与舞姿的灵活运用，在运动过程中体会藏族舞蹈中端庄大气的风格特点，从而更有效地掌握藏族舞蹈的精髓。

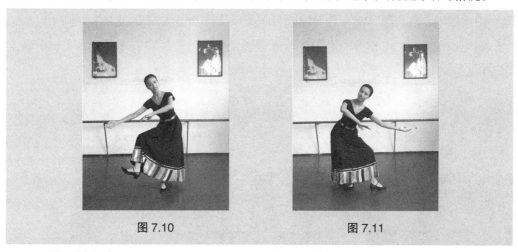

图 7.10   图 7.11

5. 第一基本步

具体做法：在冈打的基础上，脚下交替抬起时要紧靠踝关节，手臂随步伐左右摆动，脚下冈打时小臂往回保持弯曲，踏步时手臂自然打开至身体两侧斜下方，第一基

本步为冈打 1 次交替踏步 3 次，注意膝部颤动的连续性和冈打点的准确性。（图 7.12—图 7.14）

教学提示：第一基本步是藏族踢踏舞中最为重要的一个步伐，掌握好第一基本步的做法及节奏为后面的第二基本步奠定基础，在运动过程中要注意步伐与手臂动作的协调配合，手臂舞姿舒展，带动上身与头部的摆动，动作轻便灵活、朴实自如。

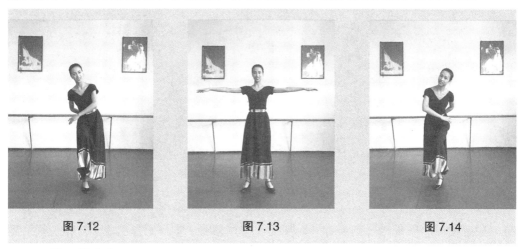

图 7.12　　　　　　　　　　图 7.13　　　　　　　　　　图 7.14

6. 第二基本步

具体做法：在第一基本步的基础上移动位置，移动 4 步并踏脚返回 4 步，注意左右横移时步伐不要过大，手臂动作在踏步时小臂轻微弯曲往回拉一下强调踏步的重拍，即左脚踏右手高、左手平行于肩，体态上扬。整体动作要求身体要跟随步伐的移动左右小幅度摆动，注重脚下动作与肢体配合的连贯性与流畅性。（图 7.15—图 7.17）

教学提示：第二基本步是在第一基本步上的一个演变，在运动过程中强调最后踏步及折臂的停顿感，重拍在下，突出动作中点与线的节奏处理。

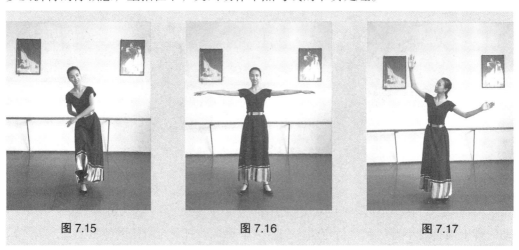

图 7.15　　　　　　　　　　图 7.16　　　　　　　　　　图 7.17

7. 二三步

具体做法：脚下步伐向前移动横拧 2 次，方向由 1 点变化至 3 点，原地踏步 3 次收置前丁字步位，方向回到 1 点，步伐顺序为：正面左右左右左，反面交换；脚下与肢体的配合要以腰部为轴心带动步伐、手臂放松至腰部周围前后划圆。（图 7.18、图 7.19）

教学提示：二三步，顾名思义步伐动作为上二步踏三步，注意运动过程中赋予手臂及上身的流动感，脚下步伐的颤踏要有节奏，上二步为弱拍踏三步为重拍，通过踏出有变化的节奏来表达其内心的情感。

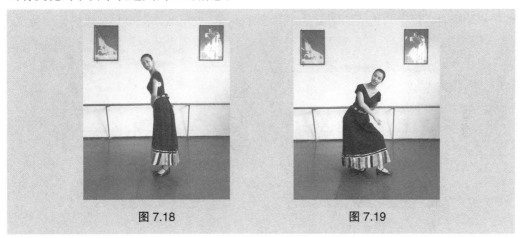

图 7.18   图 7.19

8. 嘀嗒步

具体做法：脚下丁字步位，主力腿冈打的同时动力腿勾脚抬起，高度至主力腿脚踝的位置，动力腿落地踩踏后动作重心始终在主力腿上，膝部放松，重拍在下，强调主力腿冈打稳重、动力腿踩踏轻快。步伐配合手臂动作盖分手：准备，双手与肩膀齐平，接着双手向下抹于胸前交叉翻腕，然后由手背带动双手分至斜下手位，注意手臂动作与嘀嗒步要协调配合。（图 7.20—图 7.22）

图 7.20   图 7.21   图 7.22

教学提示：嘀嗒步因双脚交替踩踏地面时发出嘀嗒的声音而由此得名。嘀嗒步主要靠单脚支撑完成，脚下配合手臂动作凸显出藏族踢踏舞灵活轻盈的风格特点。

9. 连三步

具体做法：脚下连续行走颤动 3 次，配合手臂前后摆动，最后一次踏步的同时将动力腿抬起、膝部外开、身体要松弛、重心下压并曲背、手臂带动身体后舞姿稍作停顿，朝 2 点方向或者 8 点方向做动作。（图 7.23、图 7.24）

教学提示：连三步常用于藏族踢踏舞中的结束造型。在运动过程中注意动作与手臂的协调配合，甩手与抬腿的结束动作潇洒矫健，体现出藏族豪迈、奔放的性格特点。

图 7.23　　　　　　　　　　　图 7.24

二、藏族弦子舞基本步伐及舞姿

1. 平步

具体做法：前脚全脚掌摩擦向前，重心前移的同时后脚脚掌垫步，配合膝部的屈伸动律，后脚拖回的同时屈膝、重心靠在一侧，身体肋部和胯部顺势松懈，形成坐懈胯的体态。平步重心移动时身体要平稳、动作要连贯。（图 7.25、图 7.26）

图 7.25　　　　　　　　　　　图 7.26

教学提示：藏族主要生活在高原地区，由于缺氧导致人们行走都比较缓慢，崎岖的山路加重了膝部的负荷，因此，在藏族舞蹈中平步要体现出行走不轻松，膝部的屈伸富有韧劲，脚下艰难沉重的感觉。

2. 单靠步

具体做法：在屈伸的基础上，主力腿向旁平步移动的同时动力腿抬腿，抬腿时要用膝部带动，动作要有重量感，脚后跟向下时要有韧劲、有阻力地朝地面勾点，落地脚靠在主力腿前呈丁字步位，勾脚时注意脚下外开。（图 7.27、图 7.28）

教学提示：单靠步通常与齐眉晃手的手臂动作相配合，注意舞姿整体的流畅性。以图片为例：单靠步重心在左、右手高，步伐过程中要求慢移沉落，手臂向上时身体压向旁稍微倾斜，水袖最后的落点不要挡住脸颊，头朝左偏，眼睛看向远方。

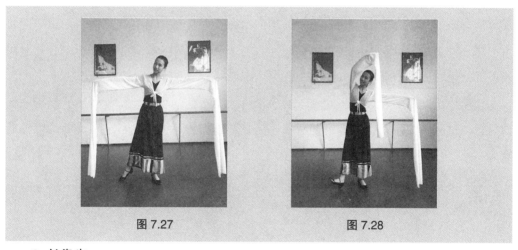

图 7.27 图 7.28

3. 长靠步

具体做法：长靠步脚下动作为三步一点，步伐横向移动 3 次。以图片为例：迈右脚双手手臂打开一上一旁，身体下压重心放低；第二次移动时动力腿朝前交叉，手臂动作经过一个立圆的环动、双手向远延伸、后背拉长塌腰；最后一次做单靠步。（图 7.29—图 7.31）

教学提示：长靠步舞姿优美，动作如流水般细腻柔软，运动过程中要求膝部的屈伸要有连绵不断的感觉，动作要平稳流畅。

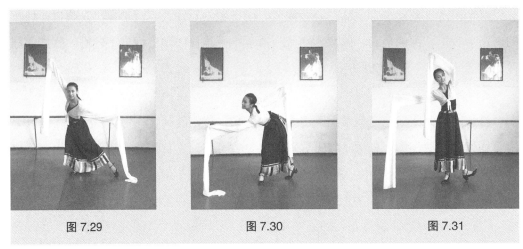

图 7.29 图 7.30 图 7.31

4. 三步一撩

具体做法：脚下走三步最后一步做撩步，步伐可以后退和行进交替做，撩腿时膝部放松，脚朝斜下方悠出，脚后跟不要用力蹬出，要自然并富有连贯性，三步一撩通常与双手的扬袖配合。以图片为例：扬袖时一手至斜上方一手低于肩膀，手心朝上双肩下沉，运动过程中身体重心稍向后靠。（图 7.32、图 7.33）

教学提示：三步一撩是藏族弦子舞中最具典型特征的动作，舞步飘洒、悠扬而欢快。运动过程中注意动作的连贯性，注意让膝部屈伸的那种柔韧且连绵不断的感觉贯穿舞姿始终。

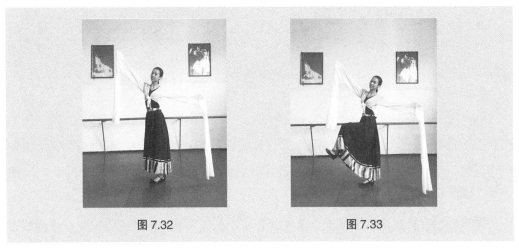

图 7.32 图 7.33

5. 斜拖步

具体做法：主力腿向斜前方带动，动力腿随之跟上拖住的过程。行进时走 Z 字步，运动过程中主力腿紧跟动力腿擦出、落地时要下沉；脚下平脚移动的动作要显得有沉

重感，上身的左右摆动是随着重心挪动而进行。（图 7.34、图 7.35）

教学提示：斜拖步要注意在行进过程中身体要有向下坠落的感觉，水袖配合步伐抹至斜下方，动作的重拍始终在主力脚上。

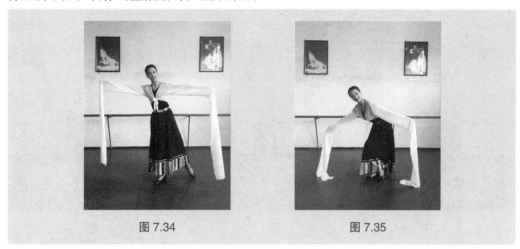

图 7.34　　　　　　　　　　　图 7.35

6. 齐眉晃手

具体做法：手臂保持松弛展开，动作手顺时针划圆至头顶上方，随后原路逆时针返回至平行位，左右交替做动作时以腕带动水袖，两手于胸前交替晃动，右手水袖上撩的同时身体左倾，头顺势朝左偏，眼睛看向远方。（图 7.36—图 7.38）

教学提示：齐眉晃手动作有大、中、小之分，大的划圆至头顶斜上方，中晃手的高度齐眉，小晃手的高度低于胸部。

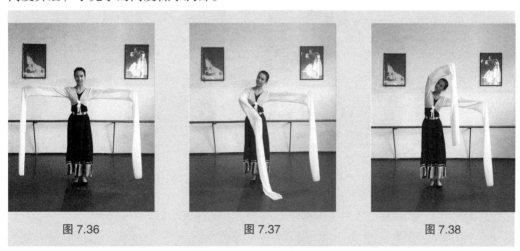

图 7.36　　　　　　　　　图 7.37　　　　　　　　　图 7.38

7. 晃盖手

具体做法：一只手晃动的同时另一手屈臂立腕，手背带动手心抹，经上弧线至胸前摆动到腰旁位置，一手手心朝上平行于肩膀位置，一手手心朝下放至胸前，身体随动作朝旁倾斜，左右交替形成双手上弧线的流动。（图7.39—图7.41）

教学提示：晃盖手常与单靠步相配合，注意在运动过程中水袖要有抛出的感觉。

图7.39　　　　　　　　　图7.40　　　　　　　　　图7.41

8. 舞姿点转

具体做法：单臂垂袖屈肘于头外侧，掌心向外，不要耸肩。腰背放平使身体拉长，脚下踏步，转动时以主力腿为轴心、动力腿脚掌点地转动，膝部颤动律贯穿始终，身体最大限度拧腰、胸口尽量去贴住大腿、留头转动。（图7.42）

图7.42

第三节　藏族舞蹈组合训练

一、藏族踢踏舞组合

组合音乐节奏: 2/4 拍。

第一段

第一个 8 拍: 自然脚位、手扶胯、原地颤膝。

第二个 8 拍: 自然脚位、手扶胯、原地颤膝双脚冈打 2 次。

第三个 8 拍: 自然脚位、手扶胯、原地颤膝双脚冈打 2 次。

第四个 8 拍: 朝 1 点方向退踏步 2 次。

第五个 8 拍: 朝 7 点方向退踏步 2 次。

第六个 8 拍: 朝 5 点方向退踏步 2 次。

第七个 8 拍: 朝 3 点方向退踏步 2 次。

第八个 8 拍: 朝 1 点方向退踏步 2 次。

第二段

第一个 8 拍: 第一基本步, 4 拍 1 次, 右脚起, 做 2 次。

第二个 8 拍: 第一基本步, 4 拍 1 次, 右脚起, 做 2 次。

第三个 8 拍: 第二基本步 1 次。

第四个 8 拍: 第二基本步 1 次。

第五个 8 拍: 抬踏步 2 次, 4 拍 1 次, 先做左边。

第六个 8 拍: 抬踏步 2 次, 4 拍 1 次, 先做左边。

第七个 8 拍: 1—4 拍, 朝 7 点方向平踏步行进 3 次 (右左右), 重心靠前, 身体前倾, 双手打开放至身体两侧斜下方。

5—8 拍, 后退 3 次 (右左右), 重心靠后, 身体稍微后仰, 双手放至胸前交叉点肩。

第八个 8 拍: 重复第七个 8 拍动作 1 遍。

第三段

第一个 8 拍：原地颤踏。

第二至第三个 8 拍：嘀嗒步朝 8 点方向做 2 遍。

第四至第五个 8 拍：先出左脚身体朝 3 点方向，二三步做 2 遍。

第六至第七个 8 拍：先抬左脚，抬踏步 4 次。

第八个 8 拍：1—4 拍，收脚正步位，双手打开至斜上。

　　　　　　　5—8 拍，连三步结束。

教学提示：藏族踢踏舞是藏族民间舞中极具代表性和风格性的一种舞蹈。踢踏舞节奏感较强，步伐丰富，脚下动作灵活多变，以踢、踏、颤、跳等动作表现出不同的节奏特点，加上手臂与身体舞姿的配合，舞蹈具有丰富的表现力，同时突出了踢踏舞欢快热情的特点。通过藏族踢踏舞组合的训练，使学生能够掌握藏族踢踏舞的基本形态、动作及风格韵律，在组合的演绎及表演过程中能够提高学生的肢体表现力及情感的运用能力，对气质的培养、审美能力及艺术修养的提升都具有显著的作用。

二、藏族弦子舞组合

组合音乐节奏：4/4 拍。道具运用：水袖。

第一段

第一至第二个 8 拍：4 拍 1 次，原地坐懈胯屈伸右左右左各 4 次。

第三至第四个 8 拍：4 拍 1 次，单靠步做 4 次。

第五至第六个 8 拍：平步 2 拍 1 次，变换队形，向前平步，双手慢慢举起至斜上方，
　　　　　　　向后平步，身体前倾重心放低，双手打开放至胯旁。

第七至第八个 8 拍：4 拍 1 次，单靠步加上齐眉晃手变换队形做 4 次。

第二段

第一至第三个 8 拍：拖步加晃盖手，变换方向，分别朝 1 点、3 点、5 点、7 点方
　　　　　　　向，每个方向做 2 次，回到 1 点方向原地做 4 次。

第四至第五个 8 拍：4 拍 1 次，长靠步做 4 次。

第六个 8 拍：平步交换队形，2 拍 1 次，双手撩袖于胸前交替划圆。

第七至第八个 8 拍：两人一组左肩相靠，平步后退绕一圈，同时盖左手、掏右手
　　　　　　　成左叉腰、右单背袖。

第三段

第一至第二个 8 拍：4 拍 1 次，三步一撩原地 4 次；一组朝 7 点方向，一组朝 3 点
　　　　　　　方向做动作，双手慢慢打开，一手放至斜上方一手放至斜
　　　　　　　下方。

第三至第四个 8 拍：2 拍 1 次，原地抛水袖 8 次，抛的位置一高一平。

第五个 8 拍：1—4 拍，舞姿点转造型。

　　　　　　5—8 拍，造型原地呼吸起落。

第六个 8 拍：舞姿点转由左至右自转一圈。

第七个 8 拍：1—2 拍，向上抛水袖。

　　　　　　3—8 拍，后退集中队形成方块。

第八个 8 拍：行礼献哈达，造型结束。

教学提示：藏族弦子舞中舞姿与长袖"抛、撩、绕、盖"等动作的配合体现出了弦子舞刚柔兼备、悠闲祥和、优美且抒情的风格特征。通过藏族弦子舞组合的训练，使学生了解藏族弦子舞的基本风格、基本动作、韵律特点，让学生的肢体动作更有协调性，形体更具有美感。

第八章　蒙古族舞蹈

蒙古族生活在大草原上，以"马背上的民族"而著称。蒙古族舞蹈起源于当地人们对山川和雄鹰图腾的崇拜，发展于日常游牧和生产活动中。蒙古族舞蹈节奏明快、热情奔放，体现出蒙古人开朗豁达的性格和豪放爽朗的个性。

任务目标： 本章选取了蒙古族舞蹈的肩部组合与提压腕组合作为主要训练内容，使学生能够掌握蒙古族舞蹈的风格，感受肩部动作与腕部动作的运用特点。

能力目标： 通过循序渐进的训练，引导学生体会蒙古族舞蹈刚中带柔的风格特点，探寻蒙古族的民族文化内涵及舞蹈的内在精神。

第一节　体态及手位训练

一、基本体态

具体做法： 脚下后点步，双手二位手放置于胯前、胳膊肘保持圆弧形，挺胸立腰拔背仰头，颈部及背部稍微往后靠，整体上身略往后倾，眼睛看向远方，气息下沉。（图 8.1）

教学提示： 注意动作要呈现出蒙古族稳重、端庄的体态特征，同时要凸显出蒙古族舞蹈"圆"的特点，通过双手的圆形舞姿、双臂的延伸感与胸肩的开阔感展现出体态的圆韵，因此，在体态训练中要把控住对"圆"的造型美感。

图 8.1

二、基本手型及手位

1. 基本手型

（1）平手。

具体做法：四指并拢伸直，手心朝下、大拇指及虎口平展开，五个手指形成一个平面。（图 8.2）

教学提示：平手要注意保持手型的开阔感，体现出蒙古族舞蹈矫健有力、豪放粗犷的风格特点。

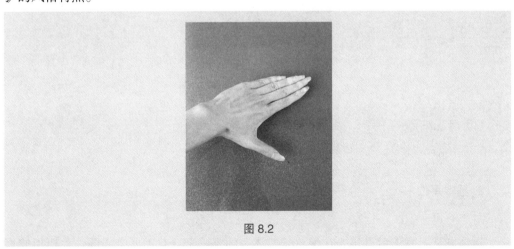

图 8.2

（2）空心拳。

具体做法：握空心拳，大拇指放在食指的第一个关节处，小拇指放松自然卷曲。（图 8.3）

教学提示：空心拳是源自蒙古族人骑马时手勒缰绳的动作，因此手型要随时注意手指收紧，保持空拳，要有握住缰绳在草原驰骋奔腾的感觉。

图 8.3

（3）持鞭手。

具体做法：在空心拳的基础上，食指伸直。（图 8.4）

教学提示：持鞭手源自蒙古族人赶马时挥动鞭绳的动作，在手型中食指不能过于松弛，要有力度，体现出扬鞭的感觉。

图 8.4

2. 基本手位

（1）一位手。

具体做法：脚下后点步，在保持基本体态的基础上，双手握空心圈，大拇指伸直打开置于叉腰位置。（图 8.5）

教学提示：一位手要注意叉腰时双手手腕下压，空拳保持正对前方。

图 8.5

（2）二位手。

具体做法：脚下后点步，在保持基本体态的基础上，平手放于胯前位置，手指尖相对，两手相距约一拳的位置，手心朝里，手臂呈圆弧形。（图 8.6）

教学提示：二位手要注意保持手臂的圆形特征，肘关节不能过于有棱角，整体手臂要有延伸感。

图 8.6

（3）三位手。

具体做法：脚下后点步，保持基本体态，在二位手的基础上两手打开，放至身体旁斜下，角度成 45 度。（图 8.7）

教学提示：三位手要注意手臂与身体的开阔感，胸肩要舒展，背部要上提，双手手臂依然要保持圆弧形。

图 8.7

（4）四位手。

具体做法：两手打开至与肩膀齐平的位置，手指尖向远延伸，手心朝下肩膀下沉。（图 8.8）

教学提示：四位手要注意不能耸肩提气，动作中要将肩部下压气息下沉，保持手臂横向拉长的感觉。

图 8.8

（5）五位手。

具体做法：脚下后点步，保持基本体态，两手打开至肩斜前上方，角度成 45 度。（图 8.9）

教学提示：五位手要注意斜上方手位时手腕提腕，压手掌的同时手指尖要用力上翘，整体形态要向上挺拔，有雄鹰展翅飞翔的感觉。

图8.9

（6）六位手。

具体做法：脚下后点步，保持基本体态，两手屈臂于胸前平放，两手指尖相对距离约一拳的位置。（图8.10）

教学提示：六位手要注意胸前按手时胳膊肘要架起来，与肩膀保持水平状。

图8.10

（7）七位手。

具体做法：脚下后点步，保持基本体态，两手放于臀部后方，手心向上手臂保持圆形。（图8.11）

教学提示：七位手要注意整体的开阔感，动作中需要扩胸夹肩，保持后背的造型感，呈现出蒙古族舞蹈舒展、豪迈的特点。

图 8.11

三、基本脚位

1. 八字位

具体做法： 分为小八字位、中八字位、大八字位。（图 8.12—图 8.14）

小八字位： 双手叉腰位，脚后跟并拢，脚尖打开呈八字形。

中八字位： 在小八字位的基础上，两脚打开与肩膀同宽，重心在中间。

大八字位： 在中八字位的基础上，两脚再打开。

教学提示： 注意区分不同八字位的动作要领，掌握其脚下的规格。

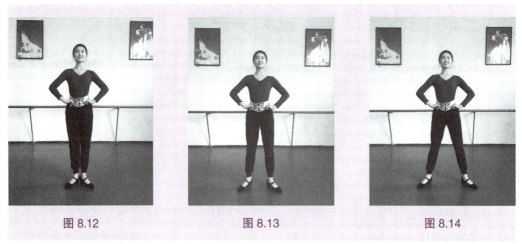

图 8.12   图 8.13   图 8.14

2. 前丁字点位

具体做法： 双手叉腰位，主力腿站小八字位，动力腿在前丁字位脚掌外侧点地，双腿微屈、外开。（图 8.15）

教学提示：前丁字点位注意整体重心后倾，身体要有靠在马背上的感觉。

图 8.15

3. 后丁字点位

具体做法：主力腿站小八字位，动力腿后踏点步。后丁字点位也分为三种：小丁字点位（图 8.16）；中丁字点位，动力腿稍往后半步重心靠后（图 8.17）；大弓箭点位，脚下呈弓箭步，后脚注意脚掌点地（图 8.18）。

教学提示：注意区分不同后丁字点位的做法，掌握其相关动作规格及要领。

图 8.16　　　　　　　　　　图 8.17　　　　　　　　　　图 8.18

第二节　基本步伐训练

一、常用步伐

1. 平步

具体做法： 双手叉腰位，身体体态挺拔，立腰，脚下保持小八字位，前脚全脚掌擦出，在移动中脚下要拖地行进，身体始终保持后靠。（图 8.19）

教学提示： 在动作过程中要注意重心下压，步伐平稳，气息下沉。

图 8.19

2. 迂回步

具体做法： 双手叉腰位，平步向前行进第 2 步，行进时步伐要稳，第 3 步双脚为半脚掌点地，重心在中间，第 4 步原地迂回转身落地呈前丁字点位，在旋转的过程中身体要主动带动步伐迂回。（图 8.20—图 8.23）

图 8.20

图 8.21

图 8.22　　　　　　　　　　　图 8.23

教学提示：迂回步要注意身体与步伐的协调配合，体现出蒙古族舞蹈洒脱大气的动作特点。

3. 错步

具体做法：双手叉腰位，前脚平步迈出，后脚紧贴跟上呈后丁字点位，随后前脚点蹭一小步，错步时脚尖始终保持外开，行进中身体不要颠簸，体态稍向后仰视。（图8.24—图8.25）

教学提示：错步要注意在行走时体现出节奏的顿挫感。

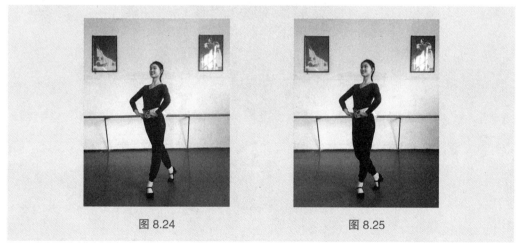

图 8.24　　　　　　　　　　　图 8.25

4. 垫步

具体做法：双手叉腰位，在后丁字点位的脚位上，后脚垫步的同时主力腿放松向上抬起，落地时脚掌先着地，有控制地将全脚落下，步伐过程中配合膝部的上下屈伸。（图 8.26、图 8.27）

教学提示：垫步需注意动作要有流畅感，要连绵不断地行进。

图 8.26　　　　　　　　　图 8.27

5. 摇篮步

具体做法：双手叉腰位，脚下的重心左右转换，主力腿向斜前或向斜后，动力腿紧跟，脚下保持前后点地的位置，双腿屈膝，动力腿绷脚并外侧点地，在弧线过程中身体与步伐配合左右摇晃。（图 8.28、图 8.29）

教学提示：摇篮步有快慢的区分，慢的摇篮步动作要悠扬连贯，快的摇篮步动作要短促灵活。

图 8.28　　　　　　　　　图 8.29

6. 碎步

具体做法：双手叉腰位，前脚的脚后跟先落地，两脚前后交替流动起来、步伐要灵活，倒换脚交替时膝部要保持放松、步伐细碎轻快。（图 8.30、图 8.31）

教学提示：碎步要注意动作要有流动感，身体要保持体态行进，脚下要有行云流水的感觉。

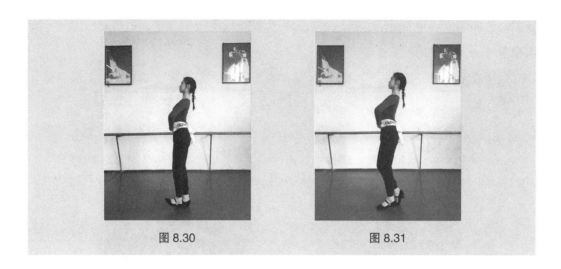

图 8.30 图 8.31

二、马步

1. 立掌步

具体做法：左手空拳右手叉腰，身体向右拧，眼睛看左手前方，脚下交替做登山步，强调重拍在前。（图 8.32）

教学提示：立掌步是模仿马在行走时马蹄上下交替的动作，在运动过程中脚下要灵活，动作要有轻盈感。

图 8.32

2. 跺步

具体做法：跺步分为两种。双脚跺步：双手前勒马舞姿，脚下打开马步，在马步姿态中脚下双脚立半脚尖，随后沉稳落下。（图 8.33）

双跺掌：双手勒马舞姿，身体稍微往右侧并后倾，脚下大八字位，双脚同时立半

脚尖，整体保持马步的姿态，随后左右脚再交替继续半脚尖点地，最后双脚同时平脚沉稳落地。（图 8.34）

教学提示：踩步强调踩脚的力度，重拍在下，整体形态要有骑在马背上的感觉。

图 8.33　　　　　　　　　　图 8.34

3. 走马步

具体做法：右手勒马左手叉腰，身体向左拧，脚下以平步的步伐行进或后退，右手跟随步伐的律动上下提压腕，向下手臂弯曲压腕、向上提腕与肩膀平行。（图 8.35）

教学提示：走马步源自蒙古族人在草原上牵马、遛马时的动作，在运动过程中注意动作要有悠扬感和重心的倒换。

图 8.35

4. 骑马步

具体做法：双脚正步位，一手勒马舞姿、一手叉腰，身体面对正前方，双脚交替上下跑动。每次双脚交替时，其中一只脚抬脚至另一只脚脚踝的位置、脚背要绷直。注意身体不要来回晃动，保持体态的沉稳，脚下步伐要轻快灵活。（图 8.36、图 8.37）

教学提示：骑马步脚下要模仿马蹄行走的形态，在运动过程中动作要有骑在马背上悠然自得的感觉。

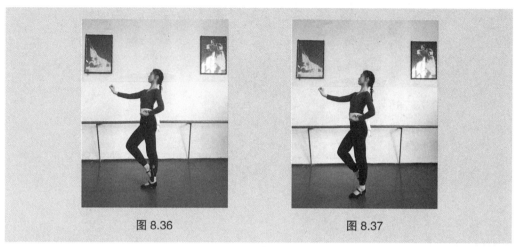

图 8.36　　　　　　　　　　　　图 8.37

5. 勒马挥鞭步

具体做法：双手勒马，脚下马步打开，身体重心下压，右手向后挥鞭随后回到勒马舞姿，脚下吸腿弹跳起来。（图 8.38）

教学提示：勒马挥鞭步要有蒙古族人骑马时快马挥鞭的感觉，强调重拍挥鞭。

图 8.38

6. 跑马步

具体做法：挥鞭时身体下沉，后背拉直，右脚在前左脚后丁字点位，扬鞭时身体后仰、重心在后，左脚在前右脚后丁字点位，整体动作是以身体的俯视和仰视，脚下前后交替和挥鞭构成的。（图 8.39、图 8.40）

教学提示：跑马步要体现出蒙古族人在辽阔的大草原上骑马时驰骋奔腾的感觉。

图 8.39   图 8.40

第三节　上肢类训练

一、肩部动作

1. 硬肩

具体做法：脚下后丁字点位，双手叉腰位，眼睛平视前方要有开阔感，肩膀前后一推一收不断交替运动，要求肩膀要快速发力，动作交替时要短促、快而脆，肩膀不要僵，动作要有停顿感。（图 8.41、图 8.42）

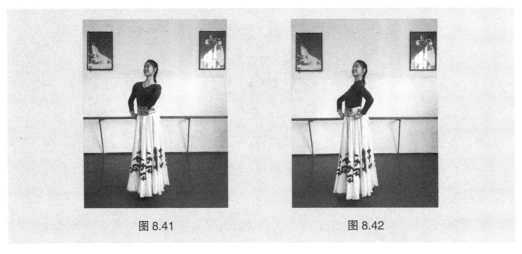

图 8.41   图 8.42

教学提示：硬肩动作节奏明快，要体现出蒙古族舞蹈热情奔放的热点。

2. 双肩

具体做法：脚下后丁字点位，双手叉腰位，眼睛平视前方要有开阔感，肩膀推出后在收回的过程中要在一拍中完成两个硬肩，一次小一次大。（图 8.43—图 8.45）

教学提示：双肩动作要注意在运动过程中保持肩部的停顿感和脆劲儿。

图 8.43　　　　　　　图 8.44　　　　　　　图 8.45

3. 柔肩

具体做法：脚下后丁字点位，双手叉腰位，体态动作在硬肩的基础上，将肩膀的动作放慢，让肩膀有韧性地前后推移，注意运动过程中动作要有流动感与柔软感。（图8.46、图 8.47）

教学提示：肩膀的前后推移要呈现出流动的曲线美感，柔肩动作要体现出蒙古族舞蹈舒展优美的特点。

图 8.46　　　　　　　　　　图 8.47

4. 绕肩

具体做法：脚下后丁字点位，双手叉腰位，双肩从前到后或者从后至前绕动划圆，也可单肩绕动，环动的过程要舒展柔和，要求肩膀要松弛，划圆路线要清晰。（图8.48、图8.49）

教学提示：绕肩的划圆动律是蒙古族舞蹈最具特色的典型特征，在运动过程中要注意动作要有"圆"的体现和连贯的律动。

图 8.48　　　　　　　　　　　　　图 8.49

5. 耸肩

具体做法：脚下后丁字点位，双手叉腰位，由肩膀发力快速上下提沉，重拍向上、动作小而快、时间短、上下幅度要大。（图8.50、图8.51）

教学提示：耸肩动作节奏明快，活泼俊俏，在运动过程中要注意耸肩与沉肩动作的配合与协调。

图 8.50　　　　　　　　　　　　　图 8.51

6. 笑肩

具体做法：脚下后丁字点位，双手叉腰位，在耸肩的基础上，两边肩膀微微颤动2次后快速往下压、重拍向下。（图8.52、图8.53）

教学提示：笑肩动作犹如高兴大笑时肩部自然地颤动，在运动过程中动作要体现出喜悦、欢快的特点。

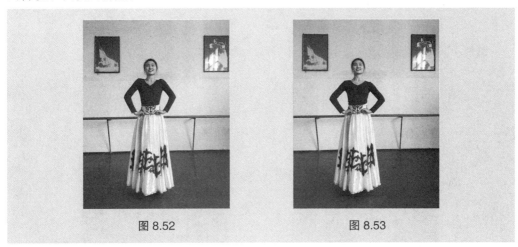

图8.52　　　　　　　　　图8.53

7. 碎抖肩

具体做法：脚下后丁字点位，双手空拳伸展开，与肩膀齐平，在双肩的基础上控制好后背及腰部，肩膀放松，重心略往后靠，双臂自然向旁展开，肩胛骨往下沉，两边肩膀快速自然地抖动（图8.54）。

教学提示：碎抖肩应注意肩膀的抖动要均匀流畅、幅度要小，犹如马蹄般的节奏。

图8.54

二、手臂及手腕动作

1. 柔臂

具体做法：脚下后丁字点位，肘部关节发力带动肩膀、手臂、腕及掌的波浪运动，向上时由手臂带动手背朝前，小拇指外延向远划出，向下时胳膊肘下沉带动手臂下抹，手心朝前保持手臂的圆弧形，过程中两手交替同时进行。（图 8.55、图 8.56）

教学提示：柔臂要求肩膀松弛背部舒展，动作连贯，保持柔美。

图 8.55   图 8.56

2. 硬腕

具体做法：由手腕带动手掌有弹性地提压，手型保持平掌，动作干净利落。双手提压有两种：一种是两手同时上下提压；一种是交替提压，即双手交替一上一下提压。（图 8.57、图 8.58）

教学提示：硬腕的动律节奏清脆，舞姿富有跳动感，体现出蒙古族人欢快洒脱、热情开朗的性格特点。

图 8.57   图 8.58

第四节　蒙古族舞蹈组合训练

一、肩部组合

组合音乐节奏：2/4 拍。

第一段

准备：背对踏步，双手七位手。

第一至第二个 8 拍：双手叉腰位柔肩，4 拍 1 次，重复 4 次，动作伴随踏步后退。

第三至第四个 8 拍：4 拍 1 次，四位手柔肩加迂回步伐，分别朝 7 点方向和 3 点方向做 4 次，注意迂回步伐转身时左手朝上带动右手放至胸前。

第五个 8 拍：1—4 拍，重心前移柔肩 2 次，后丁字点位双手叉腰位前后柔肩 2 拍 1 次。

5—8 拍，重心后移柔肩 2 次。

第六个 8 拍：重复第五个 8 拍动作 1 遍。

第七至第八个 8 拍：双耸肩垫步，4 拍 1 次，重复 4 次，注意原地顺时针方向垫步转动。

第二段

第一个 8 拍：平步硬肩 2 拍 1 次，1—8 拍，朝 2 点方向行进。

第二个 8 拍：朝 2 点方向，后丁字点位原地硬肩 4 次。

第三个 8 拍：平步硬肩，2 拍 1 次，朝 8 点方向行进。

第四个 8 拍：朝 8 点方向后丁字点位原地硬肩 4 次。

第五至第六个 8 拍：碎步单右绕肩 4 次，步伐带动肩膀后退回到原位。

第七至第八个 8 拍：错步双肩，2 拍 1 次，分别行进 4 次后退 4 次。

第三段

第一个 8 拍：碎抖肩加碎步集中，背对呈方块队形。

第二个 8 拍：背对交替耸肩，2 拍 1 次，重复 4 次。

第三个 8 拍：背对 1 点方向交替耸肩 2 拍 1 次，1—4 拍，后点步原地交替耸肩 4 次。

5—8 拍，后点步下蹲，矮的交替耸肩 4 次，队形高矮变化重复 1 遍。

第四个 8 拍：重复第三个 8 拍动作 1 遍。

第五个 8 拍：背对 1 点方向旁点步笑肩 4 次，注意重心的左右移动。

第六个 8 拍：重复第五个 8 拍动作 1 遍。

第七个 8 拍：双耸肩 2 拍 1 次，后踏步点转回到正对 1 点方向。

第八个 8 拍：硬肩平步分别朝 3 点方向及 7 点方向下场。

教学提示：肩部动作源于蒙古族人在骑马过程中肩膀自然地运动时的动作，呈现出了蒙古族舞蹈独特的风格及韵律。肩部动作种类繁多，变化多样。肩部组合训练将肩部动作从简到繁，从易到难，并配合手腕、手臂及步伐舞姿的运用，使学生掌握蒙古族舞蹈肩部动作的风格，感受肩部动作运用的特点。肩部组合训练将体态与呼吸贯穿在舞姿中，能较好地体现蒙古族舞蹈刚中带柔的风格特点。

二、提压腕组合

组合音乐节奏：2/4 拍。

第一段

准备：两人面对面，脚下小八字位，双手三位手。

第一个 8 拍：1—2 拍，垫脚碎步横移。

3—4 拍，屈蹲旁点头。

5—8 拍，重复 1—4 拍动作 1 遍。

第二个 8 拍：全体朝 1 点方向，重复第一个 8 拍动作 1 遍。

第三个 8 拍：1—4 拍，原地碎步自转一圈。

5—6 拍，右脚单膝跪地。

7—8 拍，左脚下双膝跪坐。

第四至第五个 8 拍：节奏为 4 拍 1 次，双手提压腕 4 次，双手置于体旁斜下方，带上头部的摆动。

第六至第七个 8 拍：节奏为 2 拍 1 次，双手三位手提压腕 2 次，第 2 次提腕右手朝上推至斜上方，左手平肩，注意身体的旁倾，第 4 次返回三位手。正反交替做 2 遍。

第八个8拍：节奏为4拍1次，斜上斜下提压腕2次。

第二段

第一个8拍：跪坐起身。

第二至第三个8拍：踏步行进，斜前斜旁提压腕各2次，共做2遍。

第四至第五个8拍：旁跳步四位手五位手提压腕各1次，左右共做4遍。

第六个8拍：六位手交替提压腕，平步转身向后绕圆。

第七个8拍：低重心，摇篮步勒马舞姿提压腕4次，仰身微靠做4次。

第八个8拍：原地碎步挥鞭。

第三段

第一个8拍：错步行进提压腕左右2遍，每遍左右各2次提压腕，一手放于胸前一手平肩位。

第二个8拍：重复第一个8拍动作1遍。

第三个8拍：走马步后退。

第四个8拍：背对横移垫步五位手交替提压腕，左右横移各做1遍。

第五个8拍：重复第一个8拍动作1遍。

第六个8拍：后垫步交替提压腕，手位二位手至四位手，重心由下至上，原地点转至1点方向。

第七个8拍：重复第六个8拍动作1遍。

教学提示：手部动作是蒙古族舞蹈重要的组成部分，尤其是提压腕动作更强调手腕的灵活与顿挫，腕部力度、速度与情感的配合，具有很强的舞蹈表现力。提压腕组合贯穿了蒙古族热情爽朗的特点，是蒙古族舞蹈风格完美体现的重要元素。通过提压腕组合训练，引导学生在舞蹈中运用自身的肢体来感受节拍，更好地呈现出提压腕动作的特点，展现出草原的豪放特质，使学生在表演中拥有一种开阔辽旷的心境，获得美的感受，同时增进对蒙古族文化的了解。

第九章　傣族舞蹈

傣族又被称为水的民族，傣族人喜欢依水而居，爱水、敬水、视水为生命之源，傣族的舞蹈也呈现出温婉柔美的风格特点。傣族舞蹈舞姿优美，感情内在含蓄，动作富有极强的雕塑性，其中"三道弯"（即手臂的三道弯与身体、胯、膝部、脚下的三道弯）和"一顺边"（即舞蹈过程中顺手顺脚同出一侧特殊的动律、体态）是傣族舞蹈特有的典型特征。傣族舞蹈的节奏舒缓悠扬，步伐灵活多变，舞姿曼妙玲珑，动作强调身体S形的曲线与雕塑美，使其舞蹈既有流动的韵律美同时又富有静态的曲线造型美。

任务目标： 本章涵盖了傣族舞蹈的基本体态、手位及舞姿训练等内容，将傣族舞蹈元素融于形体训练，采用单一动作训练与舞蹈组合训练相结合的教学模式，动作由简至繁，内容由浅到深，在锻炼形体的同时提升学生的审美能力以及艺术修养。

能力目标： 通过学习傣族舞蹈，让学生了解傣族舞蹈背后所蕴含的文化及精神，以更好地掌握傣族舞蹈的风格特点。

第一节　体态动律训练

一、基本体态

具体做法： 双手掌型、虎口置于胯前，动力腿旁点步、前脚掌点地、膝部弯曲外开，主力腿出胯、膝部朝里弯曲，身体朝动力腿方向倾斜，头朝斜上方，保持体态的

三道弯。（图 9.1）

教学提示：傣族舞蹈的基本体态要注意表现出身体的曲线美，体现出女子曼妙玲珑的形态特点。

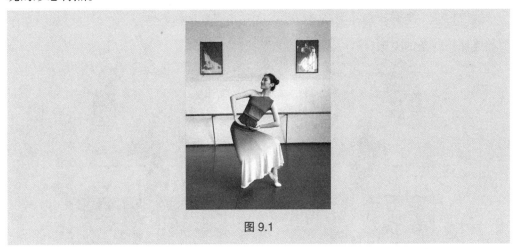

图 9.1

二、基本动律

1. 正面起伏动律

具体做法：上身直立，双脚自然位，双手掌型、虎口置于胯前，双膝靠拢，膝部有韧劲地屈伸。（图 9.2、图 9.3）

教学提示：正面起伏动律要注意运动过程中上身不要前后移动，做起伏动作时需保持体态。

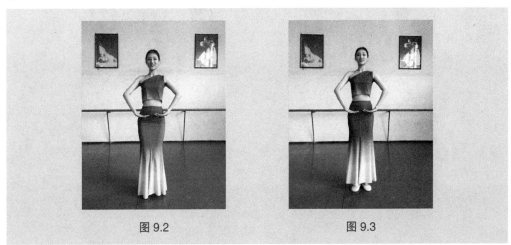

图 9.2　　　　　　　　图 9.3

2. 旁起伏动律

具体做法：在正面起伏动律的基础上做动作，下沉的同时将胯部朝旁顶出，头与胯朝一边倾倒，上身朝反方向横移，重心放在主力腿上。（图9.4、图9.5）

教学提示：旁起伏动律要凸显出傣族"三道弯"的体态特点，在运动过程中动作要始终保持线条的美感。

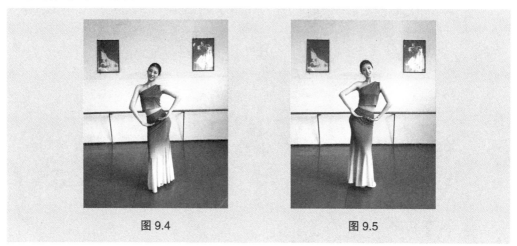

图9.4　　　　　　　　　　图9.5

3. 颤动律

具体做法：在正面起伏动律的基础上，膝部做小而碎地连续颤动。（图9.6、图9.7）

教学提示：颤动律要求膝部的颤动要富有弹性，体现出轻快灵活的风格特点。

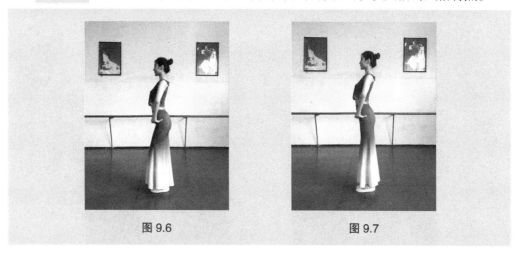

图9.6　　　　　　　　　　图9.7

第二节　手位训练

一、基本手型

1. 掌型手

具体做法：四指并拢上翘，虎口打开，大拇指朝下压。（图9.8）

教学提示：要求手型也要呈现出"三道弯"的形态，动作要求提腕压掌翘指。

图 9.8

2. 爪型手

具体做法：在掌型手的基础上将食指第二关节下压弯曲紧靠中指，食指第一关节要伸直。（图9.9）

教学提示：爪型手是模仿孔雀脚爪的形态，在运动过程中手型要有张力，不能松弛。

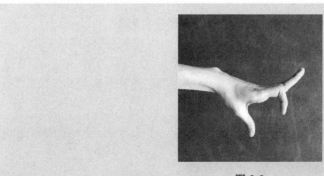

图 9.9

3. 嘴型手

具体做法：食指与大拇指捏住，手指不要弯曲，其余手指直立并有层次地呈扇形展开。（图 9.10）

教学提示：嘴型手又叫孔雀手，该手型栩栩如生地呈现出孔雀头部尖嘴的形态特点。

图 9.10

4. 冠型手

具体做法：在嘴型手的基础上，食指与大拇指捏住呈圆形。（图 9.11）

教学提示：冠型手是模仿孔雀头顶上的羽毛冠。

图 9.11

5. 叶型手

具体做法：大拇指朝里紧贴中指根部，其余手指依次叠放并展开。（图 9.12）

教学提示：叶型手是模仿椰子树树叶的形状，手部要呈扇形。

图 9.12

6. 曲掌

具体做法：手握空拳状，大拇指翘起。（图 9.13）

教学提示：曲掌要注意将虎口打开，握空拳的手指要紧贴在一起。

图 9.13

7. 鱼手

具体做法：两手平掌，手心贴手背重叠，四指并拢，虎口打开，大拇指朝外，犹如鱼的尾巴。（图 9.14）

教学提示：该手型是模仿鱼的形态，要注意两手的叠放位置要准确。

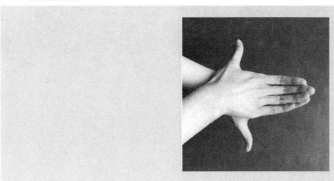

图 9.14

二、基本手位

1. 一位手

（1）前一位手。

具体做法：双手掌型手，虎口置于胯前，掌心朝下，压腕屈肘。（图 9.15）

教学提示：前一位手要注意保持手臂的圆弧形，两手相距约一拳的距离。

图 9.15

（2）旁一位手。

具体做法：双手掌型手，胳膊肘弯曲，提腕置于胯旁，掌心朝外。（图 9.16）

教学提示：旁一位手在动作中要表现出手臂的造型曲线美。

图 9.16

（3）后一位手。

具体做法：双手掌型手，压腕夹肘，掌心朝下置于臀部后侧。（图 9.17）

教学提示：后一位手要扩胸夹肩，整体形态体现出女子婀娜多姿的体态。

图 9.17

2. 二位手

具体做法：在旁一位手的基础上，双手置于胸前的位置，手背相对，两手相距约一拳的距离。（图9.18）

教学提示：二位手要求手臂呈现出"三道弯"的形态。

图 9.18

3. 三位手

具体做法：在二位手的基础上，保持手型，双手置于头顶上方，注意胳膊肘朝外，肩膀下沉。（图9.19）

教学提示：三位手整体形态要挺拔向上，呈现出孔雀高傲的形态。

图 9.19

4. 四位手

具体做法：在三位手的基础上，左手不变，右手保持手型置于胸前。（图9.20）

教学提示：四位手要注意把控住双手手臂的位置。

图 9.20

5. 五位手

具体做法： 左手保持三位手，右手保持手型，由胸前朝旁打开与肩齐平。（图 9.21）

教学提示： 五位手注意保持手臂的弯曲，朝旁打开要手背朝前。

图 9.21

6. 六位手

具体做法： 在五位手的基础上，左手朝下置于胸前。（图 9.22）

图 9.22

教学提示：六位手注意在造型中要始终保持手腕提腕。

7.七位手

具体做法：双臂朝旁打开，手指与肩膀齐平，胳膊肘弯曲压腕，双手立掌，掌心朝旁。（图9.23）

教学提示：七位手要注意双手手臂的延伸感与线条感。

图9.23

第三节　舞姿与步伐训练

一、手臂配合舞姿基本动作

1.低展翅

（1）单低展翅。

具体做法：右脚旁点步，脚掌点地，重心在左脚，右臂弯曲掌心朝外、胳膊肘下压置于胯旁位置，左手掌心朝下置于左胯旁、手肘弯曲胳膊肘朝外，身体右倾出左胯。（图9.24）

教学提示：单低展翅要注意重心下压，身体要尽量贴近大腿。

（2）双低展翅。

具体做法：在单低展翅的基础上，左手手肘朝下置于左胯旁，掌心朝外，左手与

右手形成一条斜线。（图 9.25）

教学提示：双低展翅是模仿孔雀展翅的动作，注意动作造型要有雕塑感。

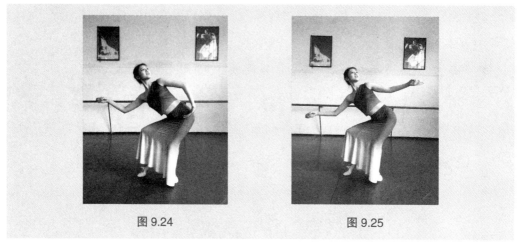

图 9.24　　　　　　　　　　图 9.25

2. 平展翅

具体做法：双手手臂置于七位手的位置，掌心向外，脚下右后点步，双膝弯曲半蹲。（图 9.26）

教学提示：平展翅是模仿孔雀开屏的动作，注意动作要有形态美。

图 9.26

3. 高展翅

具体做法：右手托掌置于头顶上方，左手掌心向下置于左胯旁，双臂保持弯曲，脚下右后点步，膝部弯曲，身体上扬，眼睛看右斜上方。（图 9.27）

教学提示：高展翅源自孔雀展翅飞翔的动作，注意动作要有体态上扬飞翔的感觉。

图 9.27

4. 抱翅

（1）单抱翅。

具体做法：脚下旁点步，右脚脚掌点地，两手爪型手，右手胳膊弯曲置于胸前、立掌手心朝左，左手提腕置于左胯旁。（图 9.28）

教学提示：单抱翅要注意手型的变换，动作要呈现出傣族舞姿的优美。

图 9.28

（2）双抱翅。

具体做法：在单抱翅的基础上，两手交叉在胸前位置，左手在里右手在外交叉，身体右倾。（图 9.29）

教学提示：双抱翅要注意双手不要紧贴身体，要保持一定的距离。

图 9.29

5. 双合翅

具体做法：两手置于三位手的位置，脚下大掖步，左脚在前，右脚后撤伸直绷脚点地，身体朝右倾，眼睛看左斜上方。（图 9.30）

教学提示：双合翅要注意整体形态要有倾斜感，右脚与手要有延伸感。

图 9.30

6. 合抱翅

具体做法：右脚前点步，双手叶形置于四位手的位置，身体朝右后倾倒，出左胯，重心在左脚。（图 9.31）

教学提示：合抱翅注意动作要有轻盈感。

图 9.31

7. 侧展翅

具体做法：双手放在六位手的位置，脚下左后点步，双膝弯曲半蹲，身体左倾，头转至右侧。（图 9.32）

教学提示：侧展翅注意重心要始终放在主力腿上，身体要下压，右顶胯。

图 9.32

8. 顺展翅

具体做法：右脚旁点步，双手立掌，左手在上、右手在旁，指尖相对，手臂呈弧形，下右旁腰。（图 9.33）

教学提示：顺展翅注意双臂动作要有开阔与延伸的感觉，体现傣族舞蹈优美与典雅的特点。

图 9.33

二、基本步伐

1. 正步起伏步

具体做法：双手前一位手，脚下正步位，双膝弯曲，胯部按下弧线划半圆，重心移至主力腿，动力腿勾脚往后踢的同时双膝伸直，两脚交替起伏。注意运动过程中始终保持胯部的下弧线摆动，屈伸动律注意长蹲短起的节奏。（图 9.34、图 9.35）

教学提示：正步起伏步是模仿孔雀走路时的形态动作，在运动过程中要注意步伐的轻盈与灵动。

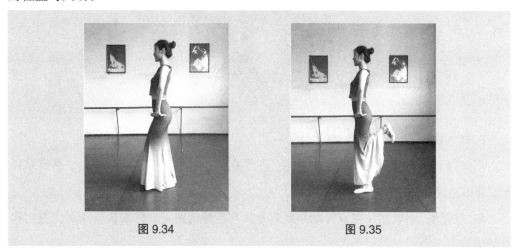

图 9.34   图 9.35

2. 丁字起伏步

具体做法：在正步起伏步的基础上，脚下横向移动，原地正步起伏抬右脚，右脚朝旁迈出，重心跟上，左脚勾踢，朝右脚前交叉丁字落下，重心移至左脚，右脚脚

掌点地。注意运动过程中脚下的步伐要连贯，身体与胯部的摆动要优美。（图9.36、图9.37）

教学提示：丁字起伏步注意动作要有流动感，胯部的下弧线摆动要体现出女子的曲线美。

图9.36　　　　　　　　　　　　　图9.37

3. 前点起伏步

具体做法：在正步起伏步的基础上，主力腿脚下步伐向后撤步、重心移至后脚，动力腿后踢前点地、脚下保持外开、脚后跟朝前顶、膝部外开，主力腿一侧胯部朝前拧，身体同胯朝一个方向倾拧。（图9.38、图9.39）

教学提示：前点起伏步强调每次点地的动作要清晰。

图9.38　　　　　　　　　　　　　图9.39

4. 旁点起伏步

具体做法：在正步起伏步的基础上，主力腿朝旁迈出，动力腿旁点地，身体旁倾出胯。（图9.40、图9.41）

教学提示：旁点起伏步注意保持身体的"三道弯"形态，脚下的点地动作要轻盈。

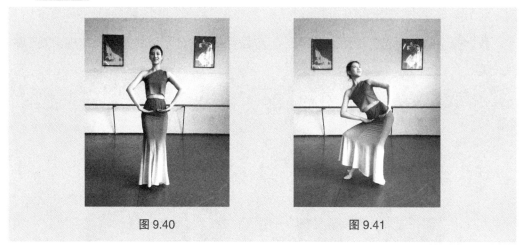

图 9.40   图 9.41

5. 后点起伏步

具体做法：在正步起伏步的基础上，主力腿朝前丁字交叉上步，动力腿绷脚、脚尖点至身体斜后，身体稍向后躺。注意运动过程中动力腿大腿内侧要朝里夹，膝部也朝里靠。（图 9.42、图 9.43）

教学提示：后点起伏步注意视线要与点地的脚同步。

图 9.42   图 9.43

第四节　傣族舞蹈组合训练

一、傣族手位组合

组合音乐节奏: 4/4拍。

准备: 双膝跪坐，脚掌点地，双手前一位手。

第一段

第一个8拍: 正面起伏动律2次。

第二个8拍: 1—2拍，双手变爪型手朝上划圆至胸前双抱翅。

　　　　　3—4拍，右侧旁起伏动律1次。

　　　　　5—6拍，呼吸直立，臀部离开脚后跟。

　　　　　7—8拍，左侧旁起伏动律。

第三个8拍: 1—2拍，双手腰间曲掌型手。

　　　　　3—4拍，二位手身体右倾。

　　　　　5—8拍，反方向重复1—4拍动作1遍，二位手身体左倾。

第四个8拍: 1—4拍，身体前倾，双手平推至齐肩位置。

　　　　　5—8拍，掏腕至三位掌型手，大腿直立，臀部离开脚后跟。

第五个8拍: 1—4拍，双膝跪坐，双手三位手落至七位手。

　　　　　5—8拍，身体右倾三位手接返回正面七位手。

第六个8拍: 1—2拍，曲掌型手含胸。

　　　　　3—4拍，身体右倾四位手。

　　　　　5—8拍，反方向重复1—4拍动作1遍。

第七个8拍: 1—2拍，曲掌型手含胸。

　　　　　3—4拍，单膝跪立，右脚伸直旁点，五位手，身体向右靠，抬头向上看。

　　　　　5—6拍，吐气下沉压胯变至六位手。

　　　　　7—8拍，保持体态，胯根直立。

第八个 8 拍：重复第七个 8 拍动作 1 遍。

第二段

第一个 8 拍：1—2 拍，曲掌型手。

3—4 拍，右侧顺展翅，右脚起脚，勾脚点地。

5—8 拍，保持体态，颤动律 4 次。

第二个 8 拍：反方向重复第一个 8 拍动作 1 遍。

第三个 8 拍：1—2 拍，双膝跪坐，七位手。

3—4 拍，双膝跪立，正面起伏动律变三位手。

5—8 拍，重复 1—4 拍动作 1 遍。

第四个 8 拍：1—2 拍，双膝跪坐，曲掌型手含胸。

3—4 拍，单膝跪立，左侧望月式，右脚伸直旁点地。

5—8 拍，保持体态，呼吸起，正面起伏动律 1 次。

第五个 8 拍：反方向重复第四个 8 拍动作 1 遍。

第六个 8 拍：1—4 拍，双膝跪坐接推拉掌，右手推掌至头顶上方，左手放至后一位手，身体需贴住大腿，让后背伸展拉平。

5—8 拍，保持体态，正面起伏动律 1 次。

第七个 8 拍：1—4 拍，双膝跪立，划手至高展翅，身体后靠带胸腰，抬头向上看。

5—8 拍，掏手跪下腰至反面高展翅。

第八个 8 拍：1—4 拍，左脚朝旁迈出，全脚掌着地，右手上抹至胸前，左手放至后一位手，右脚弯曲膝部点地，小腿稍向远伸。

5—8 拍，保持体态，小的正面起伏动律 1 次。

教学提示：傣族手位组合是一个综合性的训练，结合了傣族手位、舞姿、动律等动作，在组合训练中注意动作要体现出傣族柔美与含蓄的特点。

二、小卜少赶摆组合

组合音乐节奏：2/4 拍。

准备：右手提裙，左手自然下垂，脚下正步位，脚朝 3 点方向，身体转至 1 点方向。

第一段

第一个 8 拍：1—8 拍，出场，保持体态，左手摆手，走步朝 3 点方向行进。

第二个 8 拍：重复第一个 8 拍动作 1 遍，动作右转回至原位。

第三个 8 拍：1—4 拍，前一位手做颤动律 4 次。

　　　　　　 5—8 拍，合抱翅舞姿，右手在上做颤动律 4 次。

第四个 8 拍：反方向重复第三个 8 拍动作 1 遍。

第五个 8 拍：1—4 拍，身体朝 1 点方向，右脚垫步后退，左手前右手后做低展翅。

　　　　　　 5—8 拍，翻腕至反面低展翅，脚下后退做垫步。

第六个 8 拍：1—4 拍，脚尖朝 7 点方向，右脚原地垫步 4 次，右手从上往后抹，左手提腕从下往前划半圆，身体下压前倾朝 1 点方向。

　　　　　　 5—8 拍，反方向重复 1—4 拍动作 1 遍，身体前倾朝 7 点方向，手臂划圆。

第七个 8 拍：1—4 拍，左脚迈出，右脚旁点起伏步，曲掌型手接单抱翅。

　　　　　　 5—8 拍，保持体态，原地颤动律 4 次。

第八个 8 拍：反方向重复第七个 8 拍动作 1 遍。

第二段

第一个 8 拍：1—4 拍，出左脚，右脚后点起伏步，双手做单低展翅。

　　　　　　 5—8 拍，反面左脚后点起伏步接反面单低展翅。

第二个 8 拍：1—4 拍，丁字起伏步，先出右脚接曲掌型手推拉手。

　　　　　　 5—8 拍，重复 1—4 拍动作 1 遍，朝 3 点方向横向移动。

第三个 8 拍：1—4 拍，正步起伏步，先抬右脚接四位推手。

　　　　　　 5—8 拍，重复 1—4 拍动作 1 遍，朝 7 点方向后退。

第四个 8 拍：左手点肩右手摆手，走步 1 拍 1 次，队形变至横排位置。

第五个 8 拍：1—4 拍，原地左右摆胯，屈膝下压，身体前倾。

　　　　　　 5—8 拍，重复动作，左右摆胯，屈膝起身，重心后倾。

第六个 8 拍：重复第五个 8 拍动作 1 遍。

第七个 8 拍：1—2 拍，双手提裙点跳步，右脚翘起。

　　　　　　 3—4 拍，点跳步，左脚翘起。

　　　　　　 5—8 拍，重复 1—4 拍动作 1 遍。

第八个 8 拍：双手摆手走步，朝 3 点方向下场。

教学提示：小卜少在傣语中是对少女的称呼，赶摆是傣族民间的节日。在组合训练中注意动作要表现出傣族少女欢快喜悦的情绪。

参考文献

[1] 宗德新,汤旭丽.影视表演形体动作基础教程[M].北京:中国电影出版社,2008.

[2] 孟广城.古典芭蕾舞基本功训练教程[M].上海:上海音乐出版社,2004.

[3] 王锦芳.形体舞蹈[M].杭州:浙江大学出版社,2006.

[4] 陈学文.形体训练教程[M].重庆:重庆大学出版社,2010.

[5] 王诗漪.舞蹈形体训练基础[M].杭州:浙江大学出版社,2011.

[6] 赵铁春,田露.中国汉族民间舞教程[M].北京:高等教育出版社,2004.

[7] 韩萍,郭磊.中国少数民族民间舞教程[M].北京:高等教育出版社,2004.

[8] 潘志涛.中国民族民间舞教学法[M].上海:上海音乐出版社,2004.

[9] 崔秀珍.舞蹈与形体训练[M].西安:陕西科学技术出版社,2002.

[10] 姜兰.舞蹈形体教程[M].重庆:西南师范大学出版社,2011.

[11] 章娟.芭蕾舞蹈教学方法改革研究[J].内蒙古民族大学学报,2012,18(3):191-192.

[12] 王鹏.试论科学的舞蹈基本功训练中的规范性[J].科教文汇(上旬刊),2009(10):199.

[13] 周轶瑾.浅谈舞蹈教学中的舞蹈表演基本训练[J].大众文艺,2015(19):214-215.

[14] 刘呈成.高校形体舞蹈课的教学改革方式分析[J].戏剧之家,2018(7):173.

[15] 张郅晓.新时期民族体育舞蹈美育功能及其模式构建研究[J].冰雪体育创新研究,2021(7):35-36.